愛，從呼吸開始吧！

回到當下、讓心輕安的禪修之道

釋果峻＿著
沈麗文、項慧齡＿譯

Essential Chan Buddhism

The Character and Spirit of Chinese Zen

目錄

二、與世界連結 ⋯⋯ 61

五、禪，是什麼？……195

中文版推薦序

看著山，想到果峻師父。並不認識。讀他的書，感到非常靠近。一種無法言喻的親密，似曾相識。

他說，生命只在呼吸間。那是佛陀說的。如果沒有下一口呼吸了呢？很奇怪，他重複佛陀說過的話。我被喚回，回到呼吸。當下，我正在呼吸。果峻師父似乎也在我身邊呼吸。整座山都在呼吸。覺得很感動。

他說，坐禪。坐，是那麼日常生活。我們坐著吃飯，休息，寫字，聊天。悲傷時，我們回到獨處的角落，默默坐著。讓內心的傷痛逐漸釋放，慢慢消融。

好像在說我以前的一部電影，最後的鏡頭。女主角獨自走進森林公園，坐下，垂泣，只有坐下，沉澱，才能看清壓在心口那巨大的寂寞與哀傷，從何而來。唯有坐下才哭得出來。哭了好久，慢慢平復了，淚水還爬在臉上。她聽見自己的呼吸。聽見風聲，鳥在叫，遠處車流動。

果峻師父也有一位最佳女主角，是一隻在孵蛋的母雞，安穩舒服地坐在窩裡。問她何時可以孵出小雞？她會跟你說，我不知道，反正我就這麼坐著。

他說，坐禪，應該像母雞一樣，只是坐著。當我們坐著，我們回到自己。一直在尋找的，原來就在那裡。

他又說，禪，像游泳，要先學會漂浮。如何漂浮？放鬆，什麼都不做，你就會了。放鬆，敞開心胸，接納包容，漂浮。

什麼都不做。那麼電影呢？也可以是禪嗎？沒有故事，劇情，對白，音樂，表演。沒有刺激娛樂，也沒有微言大義。什麼都沒有的電影，只有一個人在走路，光頭，光著腳，低首垂目。著紅袍的小康，極緩慢地走在冬夜寒冷街頭，其實他已走了好幾個城市，每個城市就拍成一個短片，每個短片的內容就是走路，不同的城市。

金剛經。佛陀每天都走路入城乞食，然後還至本處，就什麼都不做了。像果峻師父的女主角，回去孵蛋。坐著很美，走路也很美。想像一下，佛陀走路那畫面。很羨慕住在舍衛城的人，每天都看到。

唐玄奘千里求法也是用走的。這傻氣而勇敢的和尚，走的是一條無路之路，一個又一個陌生的城，一關關的難，走不走得到，回不回得來，如同生死，置之度外。沒有目的。當玄奘一腳踏上那浩瀚茫茫大漠，目的就消失了。

拍行者，並沒有要小康走去哪裡，也不知道要拍到何時。只要他還能走，我就繼續拍，直到我們其中一個死去吧。有什麼目的嗎？有的。但目的消失了。

電影放映的時候，有人說看不懂。有人問這是電影嗎？我想，沒關係。不急，一點都不急。等那人有一天放棄了自己的目的性時，也許他就懂了，也會欣賞了。或許，他早一點遇見果峻師父這本書。

禪修沒有目標可言，他說。他引用心經，無智亦無得。那是我最喜歡的一句經文。沒有什麼要追求。沒有什麼可得到。此刻，彷彿我們正面對面坐著，他看穿我的心。

二〇一五年四月二十一日　山上

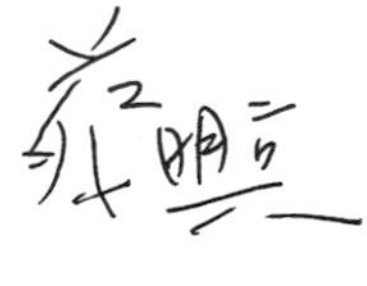

英文版推薦序

能夠將果峻法師介紹給英語讀者，我感到很榮幸，也很開心。果峻法師是出生在新加坡的華人，曾於新加坡、台灣和韓國的禪寺修行，學習了各種傳承的禪法。他在學校接受的是紮實的科學訓練，而他似乎全然了解「禪」主要是一種佛教的心的科學，有著大量的內心實驗室的研究工作，而不只是一個宗教。他是聖嚴法師座下最年輕的法子；聖嚴法師是二十世紀末最富名望和成就的佛教老師之一，於二〇〇九年往生。

我很喜歡聖嚴法師，也樂於認為他對我有同感。我們相識於九〇年代，當時我安排了他和達賴喇嘛的對談。我們小小的「美國西藏之家」（Tibet House US）租下紐約著名的爵士俱樂部「玫瑰廣場」音樂廳（Roseland），邀請這兩位法師。經過許許多多的準備工作，他們在約定的時間會面進行對話，並且以各自的方式教給廣大聽眾有關《心經》的智慧。他們彼此欣賞，也都很喜愛這部經典、和其中觀世音菩薩深刻觀照空性的教法，並且帶給種族多元化的美國聽眾某些極為深邃的開示。我們很高興見到在這樣一個有著眾多歌迷在查理・帕克（譯註：Charlie Parker，美國著名爵士樂手）的即興樂章下，心醉神迷地隨之「真正去了」（譯註：原文為「Real Gone」，歌曲名）的爵士俱樂部裡，也能歌頌著不同版本的「Real Gone」智慧咒語：「去吧，去吧，真正去吧，真正全然超越地去吧——開悟萬歲！」（譯註：《心經》「即說咒曰：揭諦揭諦，波羅揭諦，波羅僧揭諦，菩提薩婆訶。」）

之後，聖嚴法師透過聖嚴教育基金會贊助哥倫比亞大學的佛學研究，捐款成立講座教授。並非我開口請他這麼做的，但我很高興他以這種方式延伸了他慈悲動人的教導，迎向未來世代的學子，讓他們能夠知道一點來自印度、中國與西藏的佛教思想和修行的偉大傳統，卻沒有要求任何人必須成為佛教徒。聖嚴法師有真正的證悟，知道人們尚有許多事物有待學習；在成為一個好人的道路上，或是要在人生中找到一絲領悟、找到一些遠超過純粹只是宗教信仰的東西，學習都是非常重要的。在哥倫比亞大學安排講座教授的成立典禮時，聽說法師希望我也能夠在場，我也滿懷期待，但令人難過的是，後來他因為病重而無法前來紐約，我也很遺憾未能在他往生之前再見他一面。但是，如同果峻法師在這本珍貴的書中所說的，我們慈愛的老師們，無論在世與否，都一直在我們身旁；無論何時何地，只要我們打開心胸學習，他們都在教導我們。

我和果峻法師素未謀面，當然我的看法也很有限，但是在閱讀本書時，我發現果峻法師以極高雅的風格和幽默的口才，承繼了聖嚴法師的遺教。本書提供了正確可靠的教法，也記錄了果峻法師曾受過的嚴格訓練，他以毅力度過艱苦的禪期，很多人則中途逃之夭夭；此外也記錄了他長時間的打坐、大量的拜佛、得之不易的智慧，以及全然投入奉獻於禪法。

我們有些人認為，目前中國對西方物質主義照單全收，以及它經濟蓬勃發展所伴隨的環境問題，和在政治上對人民以及對蒙古、土耳其斯坦和西藏地區的狀況，是它在當代的最大課題。在這種時候，很高興看到有一本書能夠將我們帶回中華心靈的本質，並感受到漢傳佛教修行裡面最主要的部分之一，亦即務實的智慧。而藉由帶我們觸及華人的特質和精神當中慈悲及觀照的那一面，給我們帶來希望。

在西方國家中，中華禪的知名度遠不及日本禪，但它既是印度偉大傳統的子嗣，也是韓國禪和日本禪之母。它在過去的千年裡，曾出過許多偉大的禪師，使它興盛繁榮，並持續與韓國禪、日本禪平行發展。從本質上來說，中華禪、韓國禪、日本禪以及越南禪的傳統，在深度和廣度上完全相同，卻又各自具有獨特的風味、結構與變化，呈現在將智慧予其它的愛好者和修行者的方式上。當它進入我們西方文化的大熔爐時，我們需要這個傳統中所有偉大傳承的多樣化方式和秉賦。

在這本極為易讀的書中，果峻法師以一種平易近人、富有詩意、自然流暢的形式，使深刻有力的禪法躍然紙上，充滿溫暖、幽默和深入的洞見。在閱讀本書時，令我悸動的是他尊重學習，視為在這條成果豐碩的道路上所不可或缺的，剛開始的修行者如同空杯；他對另外三種杯子的缺失也有很清楚的解釋，（污穢或有毒、覆蓋著或顛倒置放、以及有裂痕會滲漏的杯子，分別代表著錯誤的動機、傲慢、以及健忘的學人）。我也很喜歡他對拜佛修行的透徹解釋，對於生命和心靈的成長至關重要。當然，我也受到他書中核心主旨的啟發：珍愛呼吸，珍惜生命的每時每刻，藉由一次又一次持續回到當下了解這一點。同時，他將這一點和中國對「氣」的特殊科學與智慧連結在一起；印度和西藏的密續行者，也曾就這重要的生命能量進行過極其複雜的探索。以下這段話格外深得我心，這段內容必定揉合了他自己的深刻體驗：

打坐和禪修本身不會使你開悟，它只能夠帶你來到證悟的邊緣。遺世獨立不會使你解脫，快樂不在與世隔絕的山林小屋或僻靜的洞穴之中。開悟，來自於你和世間連結。

唯有當你和萬事萬物彼此真正連結時，才是開悟；唯有深入世間，才是解脫自在。

乍現的光明，照見我們和宇宙萬物相依相繫——這，就是那顆流星的含意。

據說釋迦牟尼佛在黎明前的微光中，見到晨星而大徹大悟，也就是他在這裡所提到的晨星之意。我很欣賞他非二元性的洞見，極力反對佛教徒傾向於認為涅槃是離開世間，而終極的超越，是進入一個等候在此世之外的全然寂靜之處。有太多的修行者如是想像，把它當成目標追尋，而沒有去思辨這種封閉性「自在」下的自私的「大我」。對於經由禪定進入這種境界，我相信禪宗是以陷入「黑山鬼窟」來形容。不過，我們的作者果峻法師在這裡明確指出，所謂的涅槃是全然擁抱世間，從萬事萬物微細之處的豐厚、以及自我與他人的無礙和圓滿，認知涅槃與世間無二無別；如此，餘下唯一一件絕對的事，就是對那些因為沒有正確認知真正實相而受苦的人們，所自然流露的慈悲。

我非常欣賞並喜愛本書，也很榮幸能夠為大家作介紹。它是通往華人禪心的一扇窗，東方社會將能夠再次超越物欲，並重獲他們世界級的祖師們所傳下來的偉大心靈遺產的榮光。這本記載著果峻法師教法的書，不僅會受到佛教徒的珍視，也會為認真的人道主義者和各類心靈追尋者所珍藏。

——羅伯特．瑟曼（Robert A. F. Thurman）

哥倫比亞大學佛學研究宗喀巴教授

著有《內在革命》（Infinite Life，中文版由遠流出版）等書，

曾被時代雜誌譽為當代最具影響力的二十五位人物之一。

英文版編輯手記

我希望本書捕捉到果峻法師英文開示的韻味、和用口訣來提點的風格，這些內容包括二〇一〇年果峻法師位於雅加達市外 Chan Forest 主持禪十四的開示，以及我們緊接著在二〇一一年冬天的談話。

對於果峻法師深邃的內涵、以及他教法的優美和嚴密，我都試著保持持平的態度。中華禪在西方國家不像日本禪、藏傳佛教或南傳佛教的某些法門那麼有名，我希望這本書至少能夠稍微有助於彌補這一點。

在內容中，我希望呈現出中華禪是中華文化的一部分，而不只是佛教的一部分。果峻法師成長於多元文化的新加坡，他身為華人的自覺是很清楚而且經過審慎思維的；如果他成長於中國大陸或台灣，這一點或許還不會那麼明顯。

我的妻子Corinne Mol曾廣泛地在各類禪修傳統中修行，其中也包括中華禪。她很仔細的從果峻法師的禪期開示中精心篩選內容並且加以註釋，同時將它們歸納整理。我們一起訂定本書的目次，勾勒出果峻法師對他印尼學生開示的精華。

我要感謝Agus Santoso使本書得以順利進行，以及Buntario Tigris和Selamat Tigris兄弟的盛情款待；還要感謝Ibu Kiki，我最先學會的幾句印尼話就是他教的，他還介紹了我許多甜美多汁的印尼水果呢！

——肯尼斯．瓦普納（Kenneth Wapner）

《雪中足跡：聖嚴法師自傳》（Footprints in the Snow，中文版由本事文化發行）英文版促成推手之一

二〇一三年寫於紐約伍德斯托克

一、呼吸教給我的事

生命有多長？

有一天，佛陀問弟子：「你們猜，人的生命有多長？」

一個弟子回答：「嗯……大概五十年吧。」

佛陀搖搖頭。

另外一個弟子說：「也許是幾個月？」

佛陀仍然搖頭。

「那麼，是幾個星期或幾天嗎？」另一個弟子說。

「都不是，」佛陀說，「不是幾年，也不是幾個月、幾個星期或幾天。」

弟子們這下好奇了：「那麼，人的生命到底有多長呢？」

「我們的生命，只在呼吸間。」

老虎與貓

我十四歲開始學佛，三年後，參加了生平第一次禪七；在那之後一直到二十歲出頭的幾年間，陸陸續續參加過各種為期不等的禪修活動。我的家庭很單純，父母都是傳統的老實人，早年從中國大陸移居新加坡。我在大學攻讀基因工程，但佛法深邃的智慧吸引了我。

學佛整整十年後，一九九七年復活節，新加坡菩提閣的松年長老為我剃度。後來我到台灣就讀佛學院，畢業之後，我覺得應該嘗試一下不同形式的禪修，同時藉機考驗自己，於是分別在一九九九年的夏天和二〇〇〇年的冬天，前往位於韓國首爾和光州的禪寺，參加為期三個月的精進禪修。

Son，韓國禪，素以嚴格聞名，正是我想要的，而我沒失望。

每日的作息苦不堪言：凌晨三點起床，晚上十一點睡覺。大多數人都沒有自己的房間，我們在禪堂打坐，坐在一張可折疊的軟墊上，那同時也是我們的床。清晨醒來後先拜佛，十分鐘之內要拜完一〇八下——起身，拜下，起身，拜下，起身，拜下……，像加裝了彈簧的不倒翁。

打坐每支香至少一個小時，必須維持雙盤，在結束之前不可以亂動，只要稍有移動，戒長的監香就會毫不遲疑地賞你香板。每次休息時間只有五分鐘，但廁所離禪堂很遠，為了節省時間，我們往往在戶外就地解決。

九十天來，我們沒有洗過一次澡，最多只能用臉盆盛接山泉水，然後用毛巾擦拭身體。山泉自竹管流出，清冽甘甜。

這種精進禪修，在韓文的專有名詞是 Kyol Che，中文翻譯為「結制」，也就是佛制的僧團安居。在這裡，沒有時間休息，沒有時間放鬆，更別提什麼午休。你的動作必須迅速確實，隨時隨地保持專注，如果你發呆、胡思亂想、做白日夢，一個不留神就會挨香板，那可不是象徵性的輕輕拍一下，而是「啪！」一聲結結實實打在肩上，你不得閃躲。無論他們拳打還是腳踢，你都必須彎腰鞠躬，並用韓語輕聲說：「謝謝。」

當然，最直接面對的就是身體上的各種疼痛，腳痛、腿痛、背痛、肩膀痛……，痛到不知從何而來的痛！當竹篦響起，鬆開腿的那一剎那，眼淚不由自主地滑落。你試著按摩肌肉，但一點用也沒有，那個痛，根本已深入骨髓。

一日將盡，你累到動不了也站不起身，只能慢慢爬上床。

至於食物，除了泡菜還是泡菜。泡菜加白飯。最可怕的，是那泡菜聞起來像壞掉的蛋，味道之噁心，令人難以下嚥；但這是唯一的食物，你要嘛吃掉，要嘛餓肚子，我只能強迫自己一口一口吞下去。豆腐算是奢侈品，九十天當中我們只吃過三、四次，其他時候都是泡菜配上黑豆和少許豆芽菜。

在這之間，有七天被稱作「勇猛精進」的時間，相較之下，Kyol Che算是小意思的。整整七天七夜，我們必須二十四小時持續打坐用功，到最後我們都學會了坐著睡覺；當然，一旦被逮到打瞌睡，就會挨香板。

之前不是沒有人警告過我們Kyol Che是魔鬼訓練營，我們則稱它為「虎穴」。

當你深入虎穴，在禪期尚未正式結束前，只能以兩種方式離開：一是被認可開悟，另一個是你死掉。如果是夏天，他們會把你的屍體抬出Son Bang（禪堂），以免發臭；如果死在冬天，他們就會把你塞在桌子底下，反正沒有暖氣的禪堂冷的像冰箱，屍體不會腐爛，待禪期結束再抬去埋掉。

這是兩種可被接受的出堂方式，不過，有時候你也會忽然發現身旁的人不知去向，原來他們在深夜翻牆逃逸。如果發生這種事，寺院會公佈名字，全國上下都會知道他們落跑，在接下來的三年裡，他們將被列入黑名單，成為韓國各禪寺和禪堂的拒絕往來戶。

✳ ✳ ✳

我是和一位馬來西亞籍的華裔僧人一起去參加 Kyol Che，我們曾一起受戒。

出發前，我問他：「你確定要參加嗎？那可是很嚴酷的修行，整整九十天哦！」

他說：「嗯，我確定要去。」

「你把所有事情都安排妥當了嗎？」

「都安排好了，沒問題啦。」於是我們結伴同行。

禪期第三天，他拉住我衣服。我問他怎麼了？

「我得回家。」

「為什麼？」

「我忘了有一些事情要處理。」

「我不是告訴過你要事先做好規劃嗎？」

「總之我忘了還有一些事，我得回馬來西亞。」

「撐下去吧。」我說。

隔天，他說他心絞痛，而且流鼻血，於是在大家就寢後，我們去見堂主。他的寮房非常簡單，別無長物。我們行禮如儀，問訊，相互頂禮。

他目光凌厲地盯著我們：「什麼事？」

我的朋友開口道：「我得離開，因為我忘了……」

堂主立刻打斷他的話，「我明白了。」他說，「祝福你。」他遣退我們，我的朋友獲釋出堂。

我的朋友離開後，韓國人奚落我們說，這年頭，華人僧眾打不了坐也吃不了苦，中國佛教完蛋了。「在中國，人們不修行啦！他們就像小貓一樣；貓入虎穴，落荒而逃！」

我很不高興，我要讓他們瞧瞧，我這個華人出家人可是能夠吃苦耐勞的。然而，從我早上睜開眼睛直到夜裡入睡，沒有一刻不想著放棄離開。我是怎麼撐過來的？我不斷地回到當下，回到當下，回到當下……，我試著放鬆。

原本共有六個華人僧眾進入虎穴，禪期結束時，只剩我一個。之後，我又參加了第二次禪期，然後，第三次。總共兩百七十天。

＊　＊　＊

華人僧眾並不是唯一落跑的。在禪期剛開始的時候，通常都有五、六十個韓國僧眾，到最後大概只剩下一半。在韓國，人們對出自Son Bang的出家人敬重有加，他們被稱為「一等和尚」，大寺院在挑選住持時，往往會選擇那些出自Son Bang的僧人。

當時的我比現在年輕力壯，我因為不想丟臉，所以堅持了下去，然而，這些禪期也讓我付出代價。韓國的冬天有著西伯利亞的氣候，沒有暖氣的禪堂嚴寒無比，我那時還很年輕，才出家不久，買不起冬衣，只好把我所有的T恤一件一件套上去，總共穿了十件；夜裡睡覺也沒有毛毯，我縮在單薄的墊子上冷得直發抖。在那之後，我咳嗽咳了整整五年。

這種形式的禪期，對健康來說可能不是很理想，但是它可以磨練修行的意志力，或我們所說的「道心」。

呼吸

禪，鍾愛你的呼吸。

就像在熱戀中，無時無刻不思念著你所愛的人那樣，走路時，你想著呼吸，吃飯時，你忘不了它，喝一口水，想到的，還是它；結束了手邊工作，第一個浮上心頭的就是它。

你想親近它，和它分享那份甜蜜溫柔，長相廝守。

呼吸就像所愛的人一般珍貴，因此你溫柔細心地呵護著它。

找不到呼吸的時候，你不會生氣，就像一時找不到你所愛的人時，也只會忍不住想：她到底在哪裡？同樣的，當你迷失時，呼吸也會默默地忠實守候，不離不棄，只要你平靜下來，它自然會來到身邊。

而當呼吸變得急促不勻時，不要對它發火，只是如實的接受，包容它。

戀愛使你熱情洋溢、神采飛揚，愛上你的呼吸時也是如此。清晨醒來，第一個想到的就是它。

愛上呼吸，可說是愛的修煉。有時，人們覺得佛教似乎認為戀愛並非好事——愛情必然會帶來執著，執著便無可避免帶來痛苦；而佛法教我們不要執著，所以我們應該放下親密關係。

然而，禪所教我們的，正是沒有執著的愛，是不帶強迫的關懷，如同我們愛著呼吸那樣去愛。

✳ ✳ ✳

從我們出生開始一直到死亡，呼吸始終是最忠實的朋友，總是陪在身旁，不曾離開，而我們卻常常忽略它。有一天，當我們驀然回首，會發現它依然無怨無悔地守候在那裡，如同當下總是在那兒，從未捨離。

我們生來就擁有呼吸，它是如此珍貴，總是靜靜地守護著我們，是我們的歸依處。何不回來，回到呼吸。

這聽起來好像很簡單，其實不然，所有值得珍惜的事物，都來之不易。如果能夠輕易取得，就沒那麼珍貴了。

時時刻刻回到呼吸、回到當下，雖然並不是件容易的事，但其實也沒那麼困難，畢竟，呼吸與生俱來，佛性本自具足。到頭來，就看我們自己如何選擇，願不願意走上這條路，回到呼吸與當下。

回到當下，愛上呼吸。把呼吸當作最親密的朋友，和它分享內心深處的一切，無所保留，分享心中所有的歡喜憂傷，休戚與共。

坐禪

禪修時，我們打坐，學習回到呼吸、回到當下。

為什麼禪修要打坐？為什麼它如此重要？是因為佛陀證悟時，正好坐在菩提樹下嗎？或是根據傳說，禪宗的祖師菩提達摩曾面壁打坐九年？

或許吧，但是我想從另外一個角度來談打坐和禪。

「坐」是我們日常生活的一部分。我們坐著休息，坐著吃飯，坐著寫字畫畫、和朋友聊天。在你站著或走路時，很難與人開懷暢談，唯有坐下來，才能真正和人分享美好的時刻。促膝而坐，拉近了彼此的距離。

坐姿是人類發展的基礎，小孩在能夠站立之前，必須先學會坐。而動物和人類之不同，坐姿是重要的關鍵；動物爬行，只有人類能夠直立。

當我們坐著，就能夠長時間地保持專注，它是我們思考的姿勢，也是全神貫注於精細手工創作的姿勢。

悲傷時，我們會想回到自己獨處的角落，安靜療傷；我們默默地坐著，讓內在那難以言喻的傷痛逐漸釋放，慢慢消融。

在我們坐著的時候，有一種穩定感，能夠帶來安樂。

✳ ✳ ✳

我第一次在新加坡外海的小島——烏敏島——打坐時，就有這樣的感受。那時我還只是個青少年，在一間很小的佛教道場禪修。後來在檳城郊外馬來西亞山區中打坐的體驗，更加深了這些感受。我覺得回歸自身，我覺得回到了家。

這些早年的禪修地點，位於蒼翠的山林間或靠近海邊，我一面打坐，一面傾聽著樹林間的風聲、海浪輕柔地湧向沙灘。

我對禪修滿懷熱忱，經常不在家，使得父母有點擔心。他們都是很單純的人，信奉民間信仰，膜拜諸神和祖先。自從我學佛後，不僅課業進步，也改變了之前調皮搗蛋的個性，因此父母也無由反對。

我剛開始打坐時，那種回到家的感受，就像是，自己一直在尋找的，原來就在那裡。禪，就是回到我們本來就擁有、本來就了知的，回到我們的自性。

坐下來，我們都知道應該怎麼做。禪，是重新發現我們所原本具有的。

當我們坐著，我們回到自己。

待結束思考，我們起身。

當我們真心誠意想說抱歉，我們坐下；之後起身擁抱，然後繼續旅程。

這是我對坐的體會。

放鬆

放鬆，是禪的開始。放鬆你的身和心。這是禪修的目標，也是主要目的。

但別誤會，放鬆不是懶散，它的意思是不緊張焦慮、沒有壓力。

＊　＊　＊

一位老者坐在河邊垂釣，旁邊有個年輕人也在釣魚。

老人問：「嘿，年輕人，你在這裡做什麼？」

「跟你一樣啊。」年輕人回答。

「是嗎？」老人說，「我現在可是很輕鬆愉快。我從學校畢業後，一直工作到退休，並且養兒育女到他們長大成人、能夠自立。我已經完成了人生一切責任，所以現在能夠在這裡輕輕鬆鬆的享受。」

年輕人笑著說：「我也很輕鬆、很享受啊。」

「真的嗎？」老人說，「我看未必。」

這個故事點出放鬆的真正含意：想要真正的放鬆，你必須努力工作，並且盡到應盡的責任。

那個年輕人在釣完魚之後，總得回去面對生活——不論是求學、找工作，或與家人相處，仍然有許多有待處理的問題。但是那個老人呢，已經沒有需要他操心的事了，如同大珠慧海禪師所說的：肚子餓了就吃飯，睏了就去睡覺。

那還不容易！我們心想：「我也知道該怎麼吃喝、該怎麼睡。」的確，放鬆看起來好像很簡單，但其實並沒有那麼容易。

我們如何放鬆？回到呼吸，回到當下，不計較過去，不擔憂未來。過去的已經過去，而未來，永遠是未知、不確定的。

呼吸，呼氣——吸氣——放鬆……。

放鬆，代表能夠接納。如果你能夠放鬆，就很容易吸收新的事物，記憶也會變得清晰敏銳。

在放鬆的時候，寬容和耐心就會悄悄生起，心量自然擴大。你敞開心胸，如海洋廣納百川。

放鬆帶來恢宏的氣度，使你更加隨和，不再感到侷促不安。狹窄的心胸格局不大，佛心則如虛空無際。

藉由學習放鬆，增長了我們承受痛苦的能力，也緩衝了生命裡無可避免的問題和傷痛。

傷心的念頭和情緒，就像一群頑皮的孩子，他們揪住你的衣服，把你圍得團團轉，再趁機爬上身，捏捏你的鼻子、拉拉你的耳朵，用他們的小手戳你敲你打你。你不耐煩的想把他們趕走，他們卻越發糾纏著你不放。其實，只要不去理他們，放鬆身心，要不了多久，他們就會覺得沒意思而放過你。

一旦你有任何反應，情緒就會說：「哈！太棒了！他想跟我玩耶。我們來玩吧！」於是情緒開始得寸進尺。

當你放輕鬆，那些困擾著你的事物力量就會減弱。中國佛教裡面的彌勒佛，胖嘟嘟的，總是笑容滿面，西方人稱他為「快樂佛」。在畫中，小朋友們坐在他的頭上或肩膀上，在他身上到處亂爬，彌勒佛卻始終開懷大笑，不僅因為他很友善，更因為他總是很放鬆。

當面對沉重的問題，我們往往習慣於絞盡腦汁來尋求解決之道，我們的心開始搜尋、分析、探究，忙翻了天。我們認為如果太過放鬆，就會缺乏積極進取的動力，毫無建設性。其實並非如此。心中若塞滿了思緒，就如同天空雲層密佈，陽光無法照耀，大地失去光明。

只要你澄清思緒，或許就會察覺先前沒有注意到的細節，或是能夠從不同觀點來看待困擾著你的事物。所有偉大的科學發現，都是在最意想不到的情況下發生的，答案就這樣從天而降！

放鬆，保持平靜，使心思清明；呼吸，回到當下，你就能看見出路。當你放鬆，一切都會變得明朗，你的感官會更敏銳，心地煥發光明。

農禪

當初佛教從印度傳入中國時，花了好一些時間調適，教法本身並沒有改變，只是在某些層面上吸收並融合了中國文化。禪，可以說是佛教和中國文化結合的產物。

中國早期佛教史上，不乏帶著神異色彩的傳說故事。佛教是在大約兩千年前的漢代傳入中國，當時的顯學是儒家和道家，佛教的某些面向和道家相近，因此早年被翻譯成中文的梵文經典，都帶著一些道家風味。

相傳河南省的白馬寺是中國佛教的起源地，它建立於西元六十八年。而到了西元四四六年，北魏太武帝下令鎮壓佛教，大肆摧毀寺院，破壞佛教文物和典籍，並且誅殺僧眾。太武帝過世後，繼位的文成帝又將佛教復興起來。

隋唐時期，佛教逐漸分為八大宗派，包括淨土、天台和華嚴等。傳說中，印度僧人菩提達摩在西元五〇〇年左右來到中國，面壁打坐九年，禪宗於焉而生。

在佛陀的時代以及之後的數百年間，印度的男女僧眾都是在樹林中過著出家生活，以托缽為生，其實這是當時印度修行人的傳統。佛陀在成道之前和之後，也都是這麼生活著。

早期的出家人在各地行腳遊化，藉機和他人分享生活的智慧，這在當時的社會非常有價值。這種傳統在印度一直延續至今，雲遊僧（sadhus）帶著一杖一缽四處行腳，生活雖艱困，卻自由而富有詩意。

這樣的生活在中國卻行不通。首先，在中國大部分地區的多數時間裡，如果你只穿著一件單薄的僧服睡在森林中，一定會凍死！

更重要的是，還有一些文化因素，使這種方式很難在中國發展。在中國，如果你四處遊化，不僅會受凍，還可能會挨餓，因為孔老夫子強調勤勉，教導我們要回饋家庭和社會。他的力行哲學，使我們的日常生活能夠按部就班的順利進行，也因為如此，在這個社會中，不管背後有多麼偉大的宗教傳統，行乞者都會受人鄙視。

佛教在中國順利轉型，主要是因為務農而得以自給自足的寺院興起。第一座禪寺由馬祖道一建立，位於江西南部的龔公山，他有眾多弟子，被公認為禪宗史上最具影響力的禪師。

隨著禪寺的出現，中國佛教徒的生活形態也因而改變。百丈禪師制訂《百丈清規》，正式建立新的生活方式，僧眾必須務農為生，不再靠化緣乞食。百丈禪師到了老年，依然下田耕作，堅持「一日不作，一日不食」。

這種方式，也不完全只是順應中國工作倫理的結果。一般來說，中國大寺院的住眾動輒上千人，如果這麼多出家人一起前往村莊化緣，恐有掠奪之嫌。村民的糧食通常僅夠自己溫飽，哪裡還能供養那麼多食物給僧團？

同時就在這個時期，出家人改變飲食習慣，成為素食者。這符合大乘佛教的大悲願心（或稱為bodhicitta，菩提心），如果我們深入了解「無我」的教法，就會知道一切有情眾生都是相互依存的。我們在眾生當中看見自己。

印度的沙門並非素食者，因為既然是托缽化緣，就不得揀擇，拿到什麼就要吃什麼，包括肉類在內。而某些大乘的傳承還保持著肉食習慣，則多半是因為當地可耕種的土地不多——至少在西藏是如此，而且遊牧民族得依賴氂牛為生，西藏修行人並非恣意地享用肉食來滿足口腹之欲。

在中國早期的佛教中，可以「農禪」。「農」的意思是開墾、培育、農人和農事；農禪，使禪和中國農業社會的根連繫在一起。中國哲學思想的精闢論述融入傳統農業，這並不令人驚訝，但多少有點諷刺，畢竟早年的農民都是目不識丁的村夫，沒有屬於自己的土地。

或許這也是禪宗傾向於反對哲學思辨的原因之一吧。早期出家人的生活方式逐漸向不識字的農人看齊，傍晚，當他們結束田裡的農務之後，就回到寺院禪堂打坐，過著日出而作、日落而息的單純生活。

以禪的觀點來看，生活即修行，因此這些出家人在耕作時，也同時在禪修，不論開墾播種、除草灌溉、照料作物，皆不離修行。

這種農禪的傳統，在日本禪則演變為園藝造景、以及簡約優雅的禪園。在京都寺廟庭園的極致美學中，如果細看，便能看出農禪以農為本的樣貌。

✳ ✳ ✳

佛教提到「心田」，絕非偶然。這是源自中國古代佛教，而非梵文。

我們在指導禪修時，常以心田為比喻：首先，你要移除石塊來鬆土，在這過程中，心自然慢慢調柔。然後，在這片鬆軟的土壤上，播下佛法的種子，並以慈悲心來灌溉，水為一切的藥母。

心田為「識」，依緣而起。為了長養這方「田地」，使種子能夠結成果實，需要陽光、空氣和水等各種條件的配合。果實不會自己憑空冒出來，同樣的，心田也需要滋養培育，智慧的種子才能抽芽生長。

我們的心和萬物密不可分，意識緊緊相連。一花一世界，每一片舞動的葉子都是佛，每一條溪流都在歡唱著他的法音。

如果你想幫助眾生，你就必須挽起袖子動手去做，即使那可能弄髒你的手。

如同耕作。

農禪。

漂浮

禪，就像游泳。如何學游泳？首先，你要學會漂浮。如何漂浮？那就是，放鬆，什麼也不做。

在學游泳的過程中，經常會令人有挫折感；你奮力打水，掙扎著抬起頭，身體卻直往下沉，咕嘟咕嘟幾口水下肚，你七手八腳、慌慌忙忙的想浮出水面，一緊張，更沉到水裡，越努力情況越糟。

禪被稱作無修之修，什麼都別做，你就會了。

小嬰兒天生就會漂浮，他們在媽媽的子宮裡浮泳。我們都想回到那最初的狀態，我們希望能夠放鬆、漂浮。

＊ ＊ ＊

每個禪師指導人的方式都不同，但是，在這多樣化的背後有著相同的目的：他們利用各種機會將弟子帶回他們的自性。

沒有一成不變的方法，沒有一成不變的形式。無法之法。生命中所有一切都是教法，一旦你想將它定型，讓它成為這個而非那個，這份沉重感會使你下沉。

放鬆。敞開心胸，接納包容。漂浮。

趙州禪師以「喫茶去」指導修行。南泉禪師則要弟子們道一句，否則就將貓斬為兩半；眾僧無言以對，南泉便這麼做了。但這種方式他只用了一次而已，可沒養成習慣。還有一些禪師用吼、用喝、以拳腳相向。

這些方法都只曾出現過一次。沒有方法的方法，沒有固定模式，在不同情境下，同一位禪師會使用不同的方式去指導。

這就是為什麼我們說禪是無法之法。

無門之門。

這就是禪的本質與精神。

＊　＊　＊

我把禪的這一部分說得好像很理想化、很自由，其實情況並非一直如此。隨著禪法在中國開展，它逐漸變得形式化。有些人無法了解它的含意，有些人妄加揣測，於是祖師們開始用系統化的次第方式指導修行。

或許這是因為有些老師本身的修行還不夠深入，也可能是學生無法掌握教法的要領，所以需要表面的形式。

一開始，佛陀只是用以下這些原則來指導弟子：諸惡莫作，眾善奉行，自淨其意，是諸佛教。

最初人們能夠了解其中的本質和內涵，到後來卻越來越難掌握它的精神，所以佛陀教給大家各式各樣的方法以幫助了解，佛教才開始有了許多有關規範行為和念頭的戒律、規則。

有些人想揚棄傳統，他們只想改革重建，卻不了解傳統背後的精神，這樣可能會出問題。另一方面，有些人則是嚴守傳統，卻變得僵化，無法因應情勢做適當調整，而使他們本身的修行與現實脫節。

我認為，我們應該遵循傳統，而要讓那傳統貼近現代社會。我們應該保存它的精神和傳承，但同時也要根據時代的需求做調整。

在待人處世上，也應該要有這種態度。我們保持開放的心胸，回到當下，輕鬆愉快地，回到我們一向所知、本來所有的。我們什麼也不做，沒有方法，沒有形式。

我們放鬆，漂浮。

智慧

Wisdom，智慧。

「智」由兩個字組成：了知的知，以及日光的日。你能夠看到，然後了解、知道。

儒家對智慧的看法有點複雜，它最主要的實用價值之一是賢能政治。孔子說，想要治理好國家，要先從治家開始；而要能治家，先要修身。智慧關乎秩序與和諧、統理與平定。

禪，染上了中國智慧觀的色彩。禪著眼於prajna，般若，即梵文智慧之意，這個字在佛教被普遍採用。你可能會猜想 prajna 也具有多重含意，沒錯，其中一個意思是「度」，遞送，正如我們發願以方便善巧來度有情眾生出離苦，也稱為 bodhicitta（菩提心）。Prajna 也指觀照事物的本質——空性，它是禪的根本，也是相依、緣起、流轉、無常和無我的實相。

禪的智慧是指回到當下。在當下這一刻，打開所有感官，清楚地觀看、聆聽、品嚐、感覺、思考。我們看穿事物的表相，看透生、老、病、死的虛幻，沒有任何事物具有一個堅實不變的本質。一瓣一瓣剝開洋蔥，到頭來，一切都只是暫時存有，何者為真？

當你心情舒暢，一切看起來都是那麼美好，鳥兒高歌，孩童歡笑，你覺得愉快極了。而當你心情欠佳，同樣的聲音卻和工地的碎石機沒兩樣，簡直讓你抓狂。哪個反應是真的？當然，兩者都是，然而，兩者也都不是。

天堂和地獄都是心境，它們沒有一個真實不變的內在，所有事物都是相對的。如果我們真的了解這一點，就已踏上前往智慧之路。

有一個弟子去見師父，想要得到清淨心。禪師問他：「誰染污了你的心，使它不清淨？」聽到師父這麼說，他就開悟了。

還有一個故事，弟子問師父：「我們如何能夠解脫？」師父問：「誰綁住了你？」

＊　＊　＊

禪修時，我們修習打坐，以保持某程度跟定力（samadhi）有關的專注和集中。但是，你必須以修行來維持這種心的穩定度，如果你停止打坐，它就會消失。

智慧卻不同，當你有了智慧，它就會一直在那裡。一旦你看見什麼，你就是看見了。智慧不斷地深入、澄明。

佛陀在證悟之前，已達到最高的定境——第八定，也叫做「非想非非想定」。在這定境中，不能說是有思想，但也不是沒有思想，而他並未解脫，當他從這定境中出來，仍然察覺到煩惱。

佛陀證悟解脫，不是因為定力，而是因為智慧。

那麼，如果禪是關乎智慧，為什麼我們還要打坐？因為如果沒有一些定力的基礎，心就會散亂，就像我們在房裡點上蠟燭，卻任由門窗敞開，燭火便會被風吹得搖曳不定，無法照明，屋內將一片黑暗。

定力，是門窗緊閉的房間，平靜安詳，不受干擾，可以讓智慧的光芒照耀，不會明滅閃爍。

智慧是可以被驗證的，以禪而言，它來自於一次又一次不斷地回到當下，來自於時時回返的經驗，也來自於在生活中展現它，來自你自己的體驗。

智慧通常分為四個階段：

第一階段是聞所成慧，經由聽聞或閱讀得到。其次是思所成慧，反思和消化已得到的智慧。接下來，實際練習從聞、思得來的智慧，或付諸行動，是修所成慧。而當你能夠全然體驗這些所學到的東西，稱為證所成慧。

體驗智慧和成為智慧本身，這兩者之間有很大的差異。到了最後的階段，你已和智慧沒有差別，智慧就是你的生命，你的行為、語言和念頭完全符合佛陀的教法，智慧展現在舉手投足間，如實呈現。那是徹悟的智慧，也是我們每個人內在的佛。

如同佛陀，當我們證得智慧，一言一行皆是教法。

母雞孵蛋

禪坐中，我們同時培養了耐心、安忍與寬容。我們可以用母雞孵蛋來說明這些特質。

你看過母雞孵蛋嗎？孵蛋時，她都在做些什麼？

她有沒有從早到晚盯著這些蛋，心想小雞到底何時才能破殼而出？

她只是耐心地坐著。

孵蛋需要多少時間？

二十一天。

母雞會不會一直看錶，每天算日子：「第一天，第二天，第三天……」，或者不耐煩地翻動那些蛋，好讓小雞趕快孵出來？

她緩緩移動，輕輕坐下，安安穩穩、舒舒服服地坐在窩裡。

就這樣坐著。

母雞必須非常專注，輕柔而緩慢。

當母雞餓了，她會跑出去找一些小蟲吃，然後趕快回來。而當她口渴時，她可不會一邊喝水一邊跟鄰居「咯咯咯」地閒扯，也不會在吃蟲的時候到處閒晃。

她呢，她會趕快回到窩裡，繼續孵蛋。

如果你有辦法跟母雞溝通，問她什麼時候能孵出小雞？母雞會跟你說：「我不知道，反正我就只是這麼坐著。」

＊　＊　＊

坐禪時，我們應該像母雞一樣。

我們只是坐著。

打坐時，不要一直去想：我什麼時候會開悟？我什麼時候不再昏昏欲睡，疼痛什麼時候停止，這些妄想雜念何時消失？

你看，母雞孵蛋時多放鬆，她一點都不緊張，也不會失去耐心。她不會說：「夠了！我再也坐不下去啦！我們去市區好好狂歡一下吧，讓我放個假，然後再回來繼續孵蛋。」

禪喚醒了我們的耐心、寬容與安忍。一旦培養出耐心的美德，也就喚醒了沉睡的心靈，你不會再去擔心何時才能孵出小雞。

你只是坐著。

二、與世界連結

佛經中記載，在見到流星劃過夜空的那一刻，佛陀當下證悟。

不論它是否只是傳說，我都很喜歡這個故事，因為它的意象極富禪意：明光乍現，以令人屏息的耀眼光芒閃過天際，倏忽而逝。

打坐和禪修本身不會使你開悟，它只能夠帶你來到證悟的邊緣。遺世獨立不會使你解脫，快樂不在與世隔絕的山林小屋或僻靜的洞穴之中。開悟，來自於你和世間連結。

唯有當你和萬事萬物彼此真正連結時，才是開悟；唯有深入世間，才是解脫自在。

乍現的光明，照見我們和宇宙萬物相依相繫——這，就是那顆流星的含意。

發願

在我年近三十的時候，曾有一陣子對佛教頗為心灰意冷，當然不是對佛法或修行，而是對僧團無聊的派系鬥爭感到灰心。於是我離開了新加坡，前往澳洲一所大學讀書。在那裡，我不認識任何佛教徒，沒有人會來打擾我。

在那段日子裡，我整個心都碎了，我還是想做個出家人，但是我想，將來念完書之後，或許就做個大學講師或教授，教佛學、心理學或社會學都可以。我離開新加坡時，以為自己將永離故鄉，老死異地。

我那時沒有什麼錢，甚至為了節省衛生紙都在學校上廁所，不過，生活雖然刻苦，卻很有意義。我非常懷念那時候的單純生活，其中有一種天真的成分，我只需要為自己負責。當你找到生命的意義，即便清貧也是富有的！

回想起來，我打算以出家身份獨自過活、做個大學教授的計畫沒能實現，是因為我曾對觀世音菩薩發願，而那個願，最終還是將我帶回積極入世的弘化生活。

那個願，是這樣來的：

二○○○年冬天，我到韓國山裡閉關。首爾南部曹溪寺的幾位僧人帶我走了四小時山路，來到一間小屋。屋內沒有水電，四周林木高聳，覆蓋著皚皚白雪，遠離塵囂。

小屋名為Amrita，甘露，意思是長生不老的仙藥。我有一個燒柴的火爐，可供煮飯和取暖，此外還有一袋米，以及一桶足夠吃上一百天的韓國泡菜。我用融化的雪水煮飯。

我每天打坐；不看書，不寫作，不在林中漫步，就只是打坐，從破曉前一直坐到深夜。天氣很冷，雪不停地下著，木格紙窗在風中嘎嘎作響。深沉的夜裡，我獨自打坐，與月光為伴。

就這樣過了幾個星期，我忽然病倒，高燒一波接一波襲來，身上也長出可怕的膿包，癢得讓人忍不住一直想抓。我極為虛弱，但身邊沒有任何藥物。孤寂的山林積雪盈尺，我根本不知道自己置身何處，無人可求救。

後來我才發現自己是在出水痘。到了二十幾歲才出水痘，嚴重時有可能致命。有時水痘會留下疤痕，如果細看我的右眉，上面還有個小洞，提醒著我那場病。

中醫認為水痘是體內熱毒所致，我懷疑是因為自己吃了太多那些令人頭皮發麻的辣泡菜，而且常把自己裹得很緊來禦寒，使辣泡菜產生的熱無法散去。

或許泡菜的確引發了我的病，但如今回顧過往，我了解其實當時自己心底也滋生著無名腫毒，它的起因是眼見佛教界明爭暗鬥，這個惡劣經驗帶來種種忿恨情緒，我也為我的心碎感到憤怒。這場病，或許是我的身心試圖淨化這些感受的一種方式。

我全身都長出可怕的水痘，甚至嘴巴、舌頭和耳朵裡都是，有發癢和灼燒的感覺，讓人恨不得脫下這層皮。我持續發燒，身體越來越弱，之後開始暈眩，最後，在天旋地轉中，我昏了過去。

冷冽的風吹過小屋，紙窗簌簌顫動，我躺在地上全身發抖，感覺好像快死掉了。

我感到憤怒！對我的身體憤怒，對這場病憤怒，對全身水疱的癢憤怒，對這間孤獨的小屋和被孤立的感覺憤怒，我也對於被捲入佛教派系鬥爭、以及那些有的沒的無聊而愚昧的權謀感到憤怒，同時，也為自己的憤怒而憤怒！

躺在那兒，感受著這一切，我忽然清楚地看到，如果我就這樣帶著憤怒死去，不是白白浪費了這一生？

於是我開始向觀世音菩薩祈願，我對她說，如果我在修行成就之前死去，那太可惜了；如果我能夠活下去，誓以此生弘揚佛法。之後我就陷入了昏迷。

我不知道自己昏過去多久，醒來時，只感到一陣清涼。我的心中起了一些變化，內心無比平靜。有什麼好緊抓住不放的呢？面臨身體即將死亡所產生的悲傷、憤怒與恐懼，此刻已消失無蹤，我不再執著自己的身體，我放下了，準備好接受任何情況。

我的老師聖嚴法師曾說過一個故事，正好能說明我當時的感受：

早年他在台灣南部山裡閉關時，有一天見到一條蛇追逐一隻青蛙。蛇往前疾行，青蛙則蹦蹦跳跳的逃命。看到這情形，聖嚴師父不知道應不應該出手救青蛙，畢竟蛇也需要吃東西來維生。青蛙到底能不能逃脫呢？

沒想到，這時青蛙忽然停下來，轉過身去面對著蛇，蛇也停了下來，雙方對看好一會兒，接下來的景象讓聖嚴師父難以忘懷：蛇張開嘴，青蛙竟然跳了進去！

青蛙似乎放棄了掙扎，但那不是自殺行為，只是明白牠的時間到了，而能夠坦然平靜地面對死亡。

當我從昏迷中醒來，那時的感受可能跟那隻青蛙相同吧。我感到如釋重負，自由自在。

四個杯子

佛陀說，想要接受教導，你必須像個空杯子。

西方國家很多佛教徒都熟知這個比喻，鈴木俊隆禪師在他的著作《禪者的初心》（*Zen Mind, Beginner's Mind*，中文版由橡樹林文化發行）中說，初學者的心像空杯，不帶成見，接受各種可能性。鈴木俊隆認為這是西方世界的禪心。

他在一九五九年從日本來到加州，看到空杯——西方習禪者的初心。他們沒有中華禪或日本禪在東方的傳統包袱，也還不像禪法當初為了融入中國和日本社會而逐漸喪失修行的生命力。

禪不只強調空杯和初心的重要，還提醒我們避免成為被毒物或塵土所污染的杯子，也不要成為覆蓋或是破損的杯。

＊　＊　＊

四個杯子。

先來看第一種：杯子裡面如果是滿的，會有什麼情況？新的東西就裝不進去了。如果你心中充滿了自己的種種想法，就還沒有準備好學習新事物。要放空你的心。

所謂「三人行，必有我師」，總有你可以學習的對象。學習會帶來快樂。在我們的生命中，不斷的學習和成長是很重要的，藉此可以開闊心胸眼界。

如果你的心像盛滿水的杯子，就無法見到禪。

其次，是不乾淨的杯子。如果杯子裡面有塵土或毒藥，無論加入多好的東西都會被污染。何謂塵土或毒藥？以禪而言，儘量避免心中有懷疑、猜忌和毫無根據的假設，儘量不要有偏見，偏見會讓我們看不到別人的優點，以致傲慢自大。

用不乾淨的杯子喝水的人，所見所聞彷彿都是惡人惡事。他總覺得受到迫害，看事情悲觀又偏執。

洗淨杯子，淨化心靈。

仔細地洗，好好擦拭。

第三杯，覆杯。如果你將杯子倒置，還能夠在裡面加入任何東西嗎？不可能。

當你的出發點和人生目標不切實際，當你太過天真或太理想化，那就像倒過來放的杯子。要腳踏實地的過生活，不要沉迷於虛妄的幻想中，別再作夢了！覆杯是顛倒見，是一種扭曲的觀點。

第四個杯子有裂痕，你可以往裡面倒水添茶，但它們遲早會漏光。我們必須真心誠意地過生活，否則我們生命中重要的事物，不論是學習或感情，都將逐一流失。要想真心誠意的生活，在考慮父母、伴侶或朋友的期望之外，我們必須找到自己的生命意義和方向。我們的杯子必須完整無缺。

如果你的杯子有裂痕，你會發現自己總是忘東忘西、缺乏覺察力、注意力不集中；事物流逝，來了又去，你無法做出承諾。你將感到生命是片段、散亂、不完整的。

我們要如何清空杯子，使它保持乾淨，讓它既不會倒置、又不會破裂呢？那就是：回到當下，鍾愛我們的呼吸，學習慈悲。慢慢地，慢慢澄淨我們的心。清空杯子之後，當我們注入美好的事物，比如蜂蜜，就能夠喝出它的原味，就能品嚐到禪。

捻草為香

禪門師生關係的本質，使它有別於其他宗教傳統。

藏傳佛教有一種「上師相應法」（Guru Yoga）的修行，意思是學生和老師相應，完全遵循他的教導，這將使你的心和老師的心合而為一。

藏人將這種師生關係儀式化，學生觀想老師，並且做供養。儘管禪宗不曾將它儀式化，師生關係還是同樣重要。為了體驗開悟，學生需要老師的指導。老師不僅僅是傳授知識，因為你就算靠自修也能學到佛法，老師所傳遞的，是心的本質，這可沒有記載在任何書本上。

藏傳佛教的這種教法是有道理的，為了和老師建立深刻的關係，你必須完全遵循他的指導，才能見他所見、思考一致、心心相印，從而獲得佛法的利益。

為什麼我們必須亦步亦趨地跟隨老師的指示？以禪而言，其實我們並不那麼在意結果，而更重視過程。在師生關係中，一開始有些事情看起來似乎彼此牴觸，你的老師就像那種所謂的「後座駕駛」，一下叫你往左轉，一下又叫你往右轉，快沒把你搞瘋，最後你才發現，原來路的一邊是懸崖峭壁，另一邊則有巨石擋道。你看不到這些危險，而你的老師能夠看見，所以我們要遵循教導，照著老師的話去做。

禪門的老師一般不多做解釋，他只會說：照這樣做就是了，別管為什麼！靠右。靠左。去做就是了。

然而，對於這種盲目聽從老師的話，我們一定要非常小心。你一定要先能夠很信任這位老師，再投入這種師生關係，然後你必須去建立並維持這段關係。

師生關係一如任何其他關係，開始只是泛泛之交，之後變得越來越認真。當你承諾一段關係時會怎麼做？你要對另一方負責。師生關係亦然，雙方都要對彼此負責。

我總是告訴我的學生，先用五年時間認識我，看到我好的一面、也看到壞的一面，看到不足、也看到豐富之處。等一切都看清楚之後，再決定是否全心投入。

有機會聽聞教法，彌足珍貴，有機會遇到老師也很難得，兩者都要珍惜。

不知道是我的業還是什麼，我好像總是在我師父們晚年時分才遇到他們，那時他們年事已高，已經沒有太多時間可以指導我，我只好靠自己修行，努力把握住每一個可以請教他們指點的機會。他們的教導和智慧，對我而言極為珍貴，我將永誌在心。

也因為如此，我一直很喜歡以下這個故事：

香嚴智閑法師精通佛教典籍，信手拈來都可以融入教法，有很多弟子追隨他學習。有一天，溈山靈佑禪師問他：「在你未出生前，什麼是你的本來面目？不可以引經據典，用你自己的話回答我。」這個問題後來成為著名的公案。

香嚴愣住了，不知道該如何回答。他回房翻遍所有經典想找出答案，最後他回去找溈山，恭敬地跪下頂禮：「我實在不明白，請您告訴我答案。」

溈山說：「如果我告訴你，那是我的答案，你要找出自己的答案。」

香嚴無奈地回房，收拾好行李，離開寺院四處旅行，一路上都在想著這個問題：什麼是你的本來面目？

他行經一片山林，見到一座破敗的寺院，那地方，就像他的心境，於是他住下來，著手清理。打掃和整理，是他整趟旅程的寫照，不斷、不斷地回到最初那個問題。

有一天，他在打掃庭院，地上有塊瓦片，他用力一掃，瓦片飛出去，正好擊中竹子，清脆一響，他開悟了。

他走出寺院外，抓起一把乾草，點上火，以草為香，朝著溈山所在的方向頂禮三拜。

他感謝溈山逼他自己找出答案。他終於發現，在四處流浪的日子裡，溈山其實仍然在指導著自己。

由於師父不告訴他答案，他必須靠自己努力修行。

這故事深契我心。即使我孤身一人，我的師父們，依然在指導我。

勇氣

勇氣來自何處？通常我們認為，勇敢意味著要使出力氣，必須對抗，甚至帶著勉強。而事實上，勇氣來自於能夠放鬆。

「勇」的意思是尋常之力，勇氣並不特殊，它是一種腳踏實地的感覺，力量源自於此。我們稱佛陀是「大雄大力大慈悲」，中式的大殿也通常被稱為「『大雄』寶殿」。

人們往往以為必須去追尋勇氣，要去得到它，但是從佛法的觀點來說，勇氣來自無有恐懼。很多人想要找到勇氣，以便對抗或征服恐懼，但如此一來，勇氣就會以掙扎、對抗的面貌出現，因而產生衝突對立。我們往往如此看待勇氣這回事，結果反而增加問題。

勇氣，是在面對危險、不適、艱困或威脅時，無所畏懼。你越不害怕，就越有勇氣。勇氣是無懼，這也是在練習不抗拒。我們不反抗、不報復，我們不回應、也不反擊。

這是很中國式的想法，源自道家和佛教。就像道家太極拳的概念，在遭受攻擊時，不是去加以反制或抵抗，而是順勢而為，四兩撥千金。

太極拳的動作是很放鬆的，巧妙、優雅而流暢。它不只是一種武術，更是生命的展現，它所含融的勇氣不是衝突矛盾，而是平靜如行雲流水，以柔克剛。這是中國人性格的內涵，也是禪的本質。

《心經》的偈子：「揭諦揭諦，波羅揭諦，波羅僧揭諦，菩提娑婆訶。」去吧，去吧，超越到彼岸，一起超越到彼岸吧！以佛教的觀點，我們不對抗、不加入爭戰，但不表示我們消極或容忍不正義的行為。當你看到不對的事情，唯有在無所畏懼時，才能真正做出改變。

禪，是去超越，如此就能無生亦無死。你超越，超越到彼岸，在生命之終，無懼死亡，這是真正的勇氣。不要去對抗死亡、以及自己終將不免一死的事實，接受無常，這樣就能夠無有恐懼。

就這麼簡單。但是，容易做到嗎？

是啊，是很容易。

放鬆就是了。

從容放下

無常，是佛教一個非常重要的基礎觀念。我們遲早都會衰老、生病、死亡，禪法也不可能讓你永保青春。禪，非關身體，而在於心。

聖嚴師父在七十多歲時，因為腎臟病而必須洗腎，很多弟子都希望他接受腎臟移植，他們說：「師父，如果您能長久住世，就可以繼續指導大家修行，使人們得到佛法的利益。」

但聖嚴師父拒絕換腎，他認為，若有可供移植的腎臟，應該給年輕人，而不是給他這樣風燭殘年的老人。

優雅地老去，平靜面對死亡，灑脫地放下，這就是禪！

據說道家仙人不食人間煙火，他們住在深山或道觀修煉，清靜無為，以求長生不老。禪在中國生根發展後，則提出另外一種觀點，致力於心靈層面，這是另一種看待事物的方式。

雖然禪的教法是，我們不是我們的「身體」，但也告訴我們要好好照顧它，要「調整」、「調和」身體，保持健康強壯。用「調」這個字，可比做微調收音機的接收器，左調調、右調調，直到訊號清晰穩定。

有一些修行人卻走上另一個極端，他們根本不管身體，不去照顧它，以致生病。我們還是需要靠這個身體來了悟，達到解脫。禪並不排斥身體，也不認為身體是障礙，我們把身體看作重要的合作夥伴。

佛教「四弘誓願」中的第一條就和這有關：我們誓願度一切眾生出離苦。在這裡，「度」（deliver）有幾層含意（譯註：deliver 有遞送、接生、交付的意思），我們把自己當作「遞送」包裹或消息的信差，或把人從某處「接送」到另外一個地方，也像助產士「接生」嬰兒，我們接生內在的佛。

我們的身體正是眾生；能夠愛護、幫助自己，就能夠愛護、幫助其他生命。從禪的觀點來看，我們自己和我們的身體，跟其他生命是密不可分的，如果我們不斷責怪自己、厭惡自己、否定自己，又如何能夠幫助別人呢？

雖然我們應該照顧身體，但也不要過份愛惜保護它，不要對它太過著迷。在生命中，我們要能夠接受痛苦，承受得了打擊，而非時時追求舒服愜意。尋求絕對的舒適，是另一種極端的執著身體。

禪法、佛法都主張中道，這來自佛陀本身的體驗。

✳ ✳ ✳

我的學生們不斷地跟我說希望我能夠長壽，有時我病得很嚴重，他們很怕我死掉，便哀求我活久一點。我總是告訴他們：「要我活久一點，你們就好好禪修。」

如果沒有人想修行，佛陀即使長久住世又有什麼用？「您去世之後，誰來做我們的老師呢？」弟子們問佛陀。

「以戒為師。」他說，「見到法，就見到了我。」

每個瞬間都是絕無僅有的。這個瞬間過去，還會再回來嗎？每一刻都是最初、也是最終的，因此永遠新鮮；也因為每一刻都是最後一刻，所以要珍惜。每個剎那，因為清新，所以美好，因為稍縱即逝，所以彌足珍貴。

是日已過，命亦隨減，
如少水魚，斯有何樂。
當勤精進，如救頭燃。

禪堂的晚課都會唱誦這段〈普賢警眾偈〉。我們的生命一分一秒地消逝，每一口氣都帶我們向死亡更靠近。

生命中的每一天都不可能重來，一旦過去，就是過去了。挽起一把細沙，沙粒自指間滑落，你無法留住這一刻，或是任何一刻。你什麼都留不住。

生命就這樣剎那剎那間消逝，不曾駐足。然而，我們習慣性地認為，反正還有明天，還有下個星期、下個月、下一年。

生命只在呼吸間。如果，沒有下一口呼吸了呢？

當你面臨死亡，誰能夠幫你？閒聊、八卦？還是豪宅、權力地位、金錢，甚或是親人？都不是，沒有任何人或任何事幫得了你。唯一能幫忙的，就是回到當下；能夠回到當下，就能帶來心靈的平靜、清澈和光明。

死亡之際，清澈光明的心將陪伴著你。

「鐸。鐸。鏘！」

長久以來，佛教在中國已式微。現在許多華人對佛教的印象，就是為死者誦經超度。

「鐸。鐸。鏘！」佛教法會儀式中，木魚鐸鐸作響，引磬鏘然。在亞洲某些地區，甚至以模仿這種聲音來嘲諷愚昧無稽的法事，很多寺院和出家人就靠著在喪禮中做法會來維持生計。唱誦，敲木魚，打引磬，鐸，鐸，鏘！利用華人對喪事的重視，將佛教商業化，這也使得出家人被視為社會的寄生蟲。

在中國，喪禮一定要隆重，才能顯示出你是重要人物，有時場面可多達三十位僧人同聲唱誦，「樂隊」齊備，滿席食物和供品。人們相信誦經可以為死者積功累德，以求來生有善報，有時還會請「五子哭墓」這種職業性的送葬者，他們捶胸頓足、號啕大哭，以眼淚換取酬勞。出家人在這場表演中，則扮演「帶位」的角色，藉著燒紙錢讓死者通過十殿閻王。禪被這些迷信文化糾纏不清，陷入華人認為生死相通的觀念。華人的民間信仰成了華人僧眾和寺院的米糧，是佛教一大傷害。

其實禪很少談到死亡，它所關心的是活在當下。活著的時候能夠好好生活，面臨死亡之際就能夠坦然以對。禪要過的是快樂而有意義的生活，不是「鐸。鐸。鏘！」

正念禪

從禪的觀點來說，一切都是修行，而不僅限於在蒲團上打坐。從早上醒來一直到夜裡入睡，每一分每一秒都是修行；刷牙，洗臉，上廁所，走路，開門，關門，吃飯喝水，無一事不是。

這在佛法中稱為「正念」（mindfulness）。這個詞最近廣為流傳，甚至已超出佛法的範疇，進入西方心理學的領域。佛法修行正念，源自《巴利文大藏經》中關於正念修學的經典所談的四念住。佛陀教導的這種方式，是南傳佛教內觀（vipassana）修行的主要法門。

以禪來說，正念有幾種意義，其中一個只是單純的注意、覺察，並且想要弄明白我們在注意什麼？應該覺察什麼？禪修有很多種正念的修行，不只適用於寺院或禪期，在日常生活中也很好用。

＊ ＊ ＊

第一種正念，是時間的正念。但不是要你一直看錶注意現在幾點，更不是要你盯著時鐘，心裡想著：「什麼時候才吃午餐啊？我快餓扁了。」

時間的正念，意思是說覺察當下的情形。當我們覺察當下的情形，就能真正融入其中；能夠融入其中，就能投注以觀照。

這是什麼意思呢？簡單來說，該起床的時候就起床，該工作的時候就工作，該吃的時候吃，該睡的時候睡。時間的正念就是按時做該做的事。

禪法也練習空間的正念，以你的身體、語言、心念來留意覺察空間。例如，你在家應該要注意周遭環境，不要撞到牆；上下樓時不要用力踏階梯；東西從哪裡拿出來，就要歸回原位。這就是對空間保持正念。

禪強調保持居住環境的整齊清潔。清晨醒來，疊好被子，收拾床鋪；使用客廳或廚房時，不要隨手亂放東西；當你離開使用過的地方，要確保它跟你使用之前一樣乾淨整齊；隨手關燈，節約能源。這些都是空間的正念。

當你離開房間時，輕輕的、慢慢關上門，以免「砰！」一聲嚇到別人。這是身體舉止的正念。輕輕的、慢慢走路，這也是身體舉止的正念，覺察我們所處的空間。

修行正念時，還有另一項練心的特質——精確。在禪的養成中，我們必須很精確，注意所有細節，鉅細彌遺。

每一步，都是正念的腳步；每一瞬間，都是正念的瞬間；每一口呼吸，都是正念的呼吸。

如果你練習覺察呼吸，然而廚房卻是一團亂，被子也不疊好，那就有點奇怪了。

留心細節，折好毛巾，撫平床單，擦拭廚房流理台，清潔刀具，收好杯子，將你的衣服掛起來，不要把東西掉到地上，把你的食物碎屑清乾淨。

正是這些，建構起我們的修行生活。

我常提醒我的學生和弟子們，如果連小事都做不好，怎麼可能有成就？不留意細節，是不可能有大成就的。所有事都是從很小的地方開始，然後長遠的走下去，細水長流。

一條小溪，可以造福大眾，做為飲水、沐浴、洗滌、炊煮之用。若是洪水氾濫，則會摧毀房屋，吞噬陸地。

如果我們能照顧好生活中的每件小事，那就是真正的修行，它落實在生活中，而不是和生活脫節、和你自己脫節。人們常常以為，生活是一回事，靈性或宗教的修行則是另一回事；禪可不是如此，生活恰恰就是修行，修行恰恰就是當下的每時每刻。

通常我們的心都很大，野心勃勃，以致於往往忽略小事。我們只在意大事——偉大、崇高、卓越的事物。這不是禪。

禪，沒有一件事不重要。有哪一個瞬間比其他瞬間更重要嗎？沒有。每個瞬間都同樣重要。

輕柔細膩地，以正念處理你生命中所有的細節。

能量海

人們通常將放鬆的狀態和舒適聯想在一起。你認為放鬆的時候應該會覺得很舒服，於是當你感到不舒服，尤其是疼痛時，就認為那表示不放鬆。這樣的想法會導致很多問題。舒適通常是一種習慣和方便，而非真正的放鬆。

在指導禪坐時，我會花很多時間講坐姿。學生初學打坐時，勢必會經歷疼痛；他們會調整姿勢，挺直背部，把腿盤好以求坐得穩定，希望藉此可以舒服一點。我不斷告訴他們：放鬆，放鬆，放鬆。但是在疼痛的時候，他們如何能夠放鬆？

虛弱無力的肌肉是僵硬的，而僵硬的肌肉也必定是虛弱無力的。為什麼？中醫認為是氣（或能量）不通，也可能是血液循環不好。

生命是動態的，任何東西像塊木頭那樣堅硬僵化就是死的。一旦硬化，氣就無法流通，你就會感到痠麻，再來就是覺得痛。

身體自己會不斷尋求達到平衡的狀態，只要放鬆，身體就會自然運作。放鬆意味著不用力、不使勁，也意味著不回應——當感受到痛的時候，不要憤怒、害怕或難過。

在初學禪坐時，經常會覺得痠麻。盤坐的雙腿發麻，彷彿要斷掉似的，覺得好像不再是自己的腿，戳它、敲它都沒有任何感覺。我告訴學生不要害怕，佛教兩千五百年來，從來沒有人因為打坐而腿斷或骨折的。有些人這種發麻的感覺會擴及全身，身上或甚至手臂都覺得麻痺，可能會因此感到害怕。

但事實上，這種麻的感覺是好事，身體在試著自我調整，如果你維持不動，繼續打坐，血液最終會流過不通的地方，就不會覺得痛了。氣或能量的打通，有一種好像螞蟻在你的手、腳、腿或背上爬的感覺。其實沒有什麼螞蟻，那只是氣的運行。

另外還有一種情形，人們在打坐時，忽然覺得雙手腫漲，那只是氣積在手掌上造成的幻相，因此在禪坐後，我們會做全身按摩來散去可能還積累在身上的氣。

這些修行方法，部分來自吠陀瑜伽的傳統，不全然是中國特有的，不過禪還是有很獨特的中國風格，例如當我們打坐時，我們將手掌放在腿上，貼近身體，通常置於肚臍下方。我們的肚臍一帶稱作氣海——能量海，將手掌放在那裡有助於使它活絡。這是禪修運用中國氣功的原理。

禪坐中，有時人們會哭起來，不是因為痛，也不是因為悲傷；他們會打呵欠並哭泣，兩者經常同時發生。這沒有什麼關係，在禪法中，我們了解這是氣所造成的。也有人覺得自己膨脹或縮小，就像《愛莉絲夢遊仙境》中所描述的那樣，有人則覺得自己在飄浮或下沉，或向左、向右傾斜，這些都只是氣在運行的結果。

這也使得禪和佛教的其他法門不同，因為它在理論和實修上，結合了中國人對身體和氣的認知。氣跟能量、活力有關，兩者都是禪所不可或缺的。

返還

安住（resting）和放鬆（relaxation），是兩種我們可以全天候使用的禪修態度。我還要再介紹兩種以R開頭的情形——不安定（restlessness）和返還（returning）。

禪是練習返還；回到當下，回到忠實的朋友呼吸身邊，我們回到此時此刻的真實生活。練習返還，在你感到不安定時格外有用。

你在不安定時，內心是什麼狀態？你晃過來晃過去，想東想西，心中充滿各式各樣的念頭，活活把自己累死，於是倦極睡去；等睡飽醒來，精力充沛，然後又開始東想西想。一整天下來，你就重複做這三件事：胡思亂想，睡著，醒來，胡思亂想，再睡著……。

也可能你一整天都昏昏欲睡，搞不清楚狀況。你精疲力盡，走起路來有如拖著千斤重的雙腿，腦筋呆滯，混沌一片，無法專注，連彎腰綁鞋帶都覺得累。

不安定，是安住的相反情形，它有很多形式，並非只有過動或無法集中注意力、停不下來，它同時也是抑鬱、沉重、欲振乏力的狀態。它會造成神經緊繃，徒然耗費心力，內心天人交戰。

你開始懷疑：「怎麼回事？為什麼我會這樣子？為什麼我覺得又累又煩？」你很氣自己，對自己感到失望，覺得在浪費生命。

也可能你會開始怪別人。你一面覺察呼吸一面嘀咕著：嗯，我會這樣一定是因為我先生整晚打呼，把我吵醒好幾次。這個，一定就是我如此疲倦的原因。

或者，你埋怨都是天氣的錯：不是太熱就是太冷，要不然就是太潮濕；氣壓太高，氣壓太低，雪怎麼下不停；雪為什麼停了，好好的起什麼風；風從南邊吹來，風從西邊吹來，怎麼一點風都沒有。空氣中死氣沉沉，你也是。再不然，就是星球軌道歪掉了，所以四季都亂了。秋天花粉滿天飛，害你得花粉熱；水星也不好好待在自己位置上……。

我在帶領禪期時，有些學生覺得自己修行很失敗，於是怪這怪那，內心翻騰著：「我幹嘛來這裡？打坐，打坐，打坐，成天就是打坐。我一定是瘋了，花錢到這裡洗廁所，還得每天早上四點就起床，睡在那硬得要死的地板上，居然只鋪著一層薄墊子。我這裡痛、那裡也痛，全身無一處不痛！我幹嘛付錢來找痛？我真是頭殼壞了。」

這些想法都是內心的煩亂。他們的心無法平靜下來，不能安住。我教他們放鬆，回到當下。如同一行禪師所說的：「呼吸！你是生氣蓬勃的。」

＊　＊　＊

禪所談的是活活潑潑的生命，不是紛亂不安。不安定的時候，不會覺得快樂，反之，活潑的生命自會生出喜悅。快樂來自呼吸，來自活著，來自觸動生命，來自對生命本身的感恩。

禪不是要人變得冷漠或寄望來世、也不是呆滯不活躍，而是回到我們真正的自性——我們對生命最本能、最自然的反應。活著的本質，是一種充滿朝氣、活在當下的感覺，這跟不安定是截然不同的心境。

回到當下，回到呼吸。如此，就不會覺得不安定，而能感到放鬆，平靜安詳，沉著，穩定，生氣蓬勃！

目的

禪修的目的，就是修行。它沒有什麼要追求的目標。禪沒有目的。

我們沒有要從禪當中得到什麼，而是，在以禪的方式待人處世時，你會更認識自己，也更能自我覺察。但是修行到最後，你什麼也不會得到；沒有什麼可以讓你得到。不要去想：我要覺醒，我要開悟，這就是我的目標，是我努力的方向。不！沒有目標可言。《心經》說：「無智亦無得。」

沒有什麼是要去追求的，沒有什麼可以得到。我們必須非常清楚我們修行的態度和目的。

禪修過程中，一部分是在培養誠實。那是什麼？那是誠實面對真相，誠實面對自己。有些人拒絕接受現實，活在幻想或成見當中，覺得世界應該是他們所想的那樣子；他們不願面對自己心中醜陋、骯髒、自私、軟弱的那部分。可是，如果你不能看清楚自己是什麼樣子，又如何能夠接受自己？接納，才能開始轉化。

當我們說「我要覺醒，我要開悟」時，是要覺醒到什麼？要悟出什麼？我們發現真相，我們悟到實相。

我們認為：「我一定要覺悟真相，一定有個實相有待我去發現，那樣我就開悟了。」

其實，並沒有一個特別的真相或實相可以讓我們去了悟。當你培養出誠實，就會發現，真相是我們一直在沉睡，而實相，就是我們有妄想雜念。

誠實的心有助於我們覺察。

真相是什麼？實相在哪裡？真相和實相，就在當下。

不論真相和實相是什麼，我們學著放鬆，接受它。不管發生什麼事情，不管身心狀況如何，都要誠實面對自己，如實接受各種情況，並且放鬆。從我們早上睜開眼睛一直到晚上入睡，就是如此不斷地反覆去做，全心投入這過程。

這，就是禪的目的。

禮敬祖先

禮敬先人，是中國文化和禪的核心。

禮敬並且緬懷祖先，對我們來說是習以為常、覺得再正常不過的事，但是對西方人而言，可能會覺得有一點奇怪，這是什麼意思呢？跟禪有什麼關係？不管我們是亞洲人或西方人，又能從中學習到什麼樣的實用智慧？

禪門在每個月的初一、十五會舉行禮祖，禮敬傳承法脈的祖師們，深入了解他們所傳給我們的德行和品格的內在精神。我們承繼這些特質，也繼續傳給其他人。

這和中國傳統祭拜祖先的方式大不相同。傳統的方式著重表面形式，相當儀式化，帶有儒家服從和孝順的意味。而在禪門，我們先仔細參究，之後才向祖師們表達崇敬。我們也會在禪期結束前舉行禮祖，因為我們可以在禪期中感受到、並承繼了這些特質。

在最淺顯的層次上，我們在內心、在身口意上仿傚先人的美德。美德（virtue）這個字，在西方社會帶有一種自認為正義、自以為是的含意，但中文並沒有這種意思。中文「德」的部首是雙人旁，右邊有個「心」字，可以想成是雙份的心，你能夠為他人著想，並且加倍付出，更富於慈悲和同情，其中也隱含著勇氣。

當我們想仿傚先人的美德時，不一定是仿傚他們的崇高理想。如果我們的祖母為人寬厚，表達敬意的最好方式就是學習她做一個寬大的人；如果你的祖父很勇敢，禮敬他的最好方式就是成為一個勇者。去具備那種美德。

在中國，人們會以一些儀式行為來表達這種敬意，比如唱誦或祭祀。這並沒有錯，但是如果它只是一種表面工夫，那就不是禪了。

禪的教法都和心有關，就像前面提過的，禪著重的是日常生活，你將先人的特質牢記在心，並將這些特質運用在生活當中。

禪門的禮祖也有助於增長我們的感恩心，這也是「四弘誓願」（眾生無邊誓願度，煩惱無盡誓願斷，法門無量誓願學，佛道無上誓願成）的一部分。

我們如果自私自利，是無法生起弘願的，只有當我們被別人的愛與慈悲的行為所感動，才有可能轉而幫助他人。這些愛與慈悲的展現大多直接來自我們的先人，要能夠愛人，自己首先必須體驗過愛。

在禪門，我們也認為是祖師們使我們能夠接觸到佛陀的教法。如果沒有他們，我們便無法出離苦痛，也不可能幫助別人離苦，因此我們無比感恩。我們心懷敬意，深深一鞠躬。俗話說：飲水思源；吃菓子，拜樹頭。

當我們認知一切事物的源頭，就會覺得感恩；感恩心會帶來快樂與平靜。身為禪門出家弟子，我總會念及我的師父們、以及所有傳承的祖師們和佛陀，是他們將佛法傳了下來，因為他們奉獻自己，我才得以學習禪法。

我們的苦痛不是來自於父母或祖父母，它只是這樣傳遞了下來。我們都是社會的動物，透過模仿而成長，我們教給下一代人我們自己所學到的東西，我們的所做所為，就是像別人對我們所做的那樣；不會愛人的人，一定沒有經驗過被愛，這不是他的錯。了解到這一點，就能夠原諒他人。禪，是發願苦痛到我們為止，不再將它傳下去。

禪將民間信仰中祭祀先人、以及儒家崇拜祖先的模式，看作是維繫社會及和諧的基礎，並在這基礎之上繼續增廣，幫助我們體會更深刻的感恩，而能產生愛和諒解。

禪的禮祖，著重於心的傳承。自佛陀開始，兩千五百年來，這愛與慈悲的傳統，綿延不絕，代代相傳。

親切仁慈

微笑！

將微笑融入你的生活，時時面帶笑容，藉由微笑放鬆你的心，使你更柔軟開放。

對你的呼吸微笑，也隨著每一口呼吸微笑。微笑時，會有某種的寧靜、安詳、平和，那是一種親切感，也是梵文中的 mitra，慈心：和藹，友善，溫文有禮，也意味著慷慨和付出，或是積極關懷。

仁慈的微笑，使你和呼吸更親近，它從此有了生命力，不再是死寂的東西。

當你想結識一個陌生人時會怎麼做？你會對他微笑，對不對？溫暖的微笑可以破冰，產生友誼，拉近人們之間的距離。

其實，mitra 源自另一個梵文字 maitri，也是南傳佛教所集結的經典《巴利文大藏經》中常用的 metta，西方人對這個字可能比較熟悉，它的意思是慈悲（loving-kindness）。想要具有 metta 或 maitri，就必須與他人為友；若沒有友情，就很難有愛和仁慈。

Maitreya，笑彌勒，有著圓滾滾的大肚子和燦爛的笑容。他的名字也是源自 maitri，一如其名的予人溫暖、友善、慈悲的感覺，總是笑口常開。

當我們昏昏欲睡時，微笑，友善地對待昏沉；當妄念紛飛時，微笑。我們對痛苦微笑，對自己的病和疼痛微笑，也給自己的失敗一個微笑。友善地對待這一切，和它們做好朋友。友誼能轉化我們的苦痛，不再與之為敵。

想想看，如果痛苦是你的敵人，會是什麼情形？你會跟它奮戰，從早打到晚，想把痛苦趕走。這會使你緊張不安，精疲力盡！你必須保護自己，一刻都不能鬆懈，以防敵人進攻。

然而，如果你微笑，對敵人友善，就會營造出友誼。當你不再覺得受到威脅，威脅就不存在，你會感到安穩。有了這種安全感，就能好好接受當下的情況，回到呼吸。

話說回來，當我講要友善的時候，可不是叫你整天陪著妄念玩耍，忙著跟它們交朋友，或是和瞌睡蟲作伴，一同睡個好覺。友善，意味著沒有敵意、沒有威脅、沒有不愉快。而既然是朋友，有朋友為伴時，你會感到舒適愜意、輕鬆愉快，就能安住於當下。

讓它來，讓它去

我們不要試圖去追逐、強求、執取任何事物，同時也不去排斥、抗拒或想趕走什麼東西，如此，心就可以從散亂的妄念中放鬆下來。

一旦你執取或抗拒，最終將會物化你的靈修。創巴仁波切在他所著的《突破修道上的唯物》（*Cutting Through Spiritual Materialism*，中文版由橡樹林文化發行）一書中，將這觀念帶入西方社會。

唯物的心很麻煩，因為我們會開始計算衡量；計算之後就是分別比較，然後下評斷，最後產生偏見。

執取或抗拒是這樣運作的：我們認為某樣東西好、某樣東西不好，然後就會覺得喜歡、不喜歡，形成二元對立的心。因為有對立，就會有衝突和矛盾，失去和諧平衡；沒有和諧，自然也就無法平靜。

當我們的心不能平靜時，就會不斷地產生二元化的想法，一方面想追逐美好的事物，一方面想排斥、驅逐看似不好的事情，因此心不停的在兩者之間擺過來、盪過去，日子就像是一場瘋狂的鬥牛賽。

當心無法安定下來，就會一直想追求一個平靜的狀態——沒有散亂的念頭，沒有妄念，不會煩躁不安、也不會昏沉，不再有憤怒與哀愁、痛苦與煩惱。我們想要這樣、想要那樣，這種渴望是一種貪念，我們一旦執著，就會想攫取、想緊抓不放，因此變得緊張。

或者，我們會排斥、拒絕妄念，對抗散亂的念頭，它一出現，我們就跟它搏鬥，想把它趕走，就像你想趕走昏沉一樣，最後只會讓你覺得沮喪，一肚子火，而感到更疲倦、更緊張。

這些緊繃的情緒和壓力，是因為不能調和、失去和諧而累積出來的。你無法平靜，不能夠安定，這是 duhkha 的起因。梵文 duhkha 的意思是煩惱或苦，是不快樂的原因。我們永遠得不到所追逐之物；我們想要某種心境——快樂、喜悅、安詳，或是，沒有煩亂不安和痛苦的心靈，這兩者都是在抓取或排斥，追逐那不可能得到的事物。

放鬆，微笑。越努力想得到我們認為自己想要的結果，就越擾動了那些困擾著我們、妨礙著我們的事。就像一潭魚池，你越攪動，水越混濁。我們不應該反應（reactive）那麼強烈，但也不表示我們就不去反應（nonreactive），反而要積極主動（proactive），甚至在問題發生之前就已察覺，然後放下。反應只會製造出新的問題。當你想抓住或排斥時，就是活在二元對立的世界裡，就會有衝突矛盾。

這種攀緣兩端的傾向，使你一邊渴望著存在，bhava，另一邊渴望著不存在，vibhava。我們製造「有」和「無」的概念，你想要的，就希望它存在，你不想要的，就希望它不存在。

放鬆，回到呼吸，回到當下。不要想去追逐、緊抓不放，也不要去排斥、抗拒，就只是放鬆，呼吸。不論心中生起什麼念頭，讓它來，然後，讓它去。

活水源頭

禪坐中，有時我會忍不住哭泣。我哭泣，是因為感到和萬物相互依存、彼此連結。當我深入修行，我觸及大地，如此而已。

我和所有正在呼吸的人連結在一起，也和所有掙扎著想呼吸的人——那些快被水吞沒、或在病榻上呼出最後一口氣的人，還有那些因病而喘不過氣，因年老而舉步維艱、呼吸困難的人——連結在一起。

我和新生嬰兒的第一口呼吸連結在一起，那動人的呼吸，是他和這世間彼此交換的第一份禮物。我和母親連結在一起，她緊擁著孩子，在他耳邊輕聲哼唱；他們一同呼吸，氣息交融如同樂章，就像年輕戀人的吻。身為出家人，雖然我從未有過那樣的吻，我仍然和戀人們連結在一起。

植物也在呼吸，它們吸入廢氣，轉化為我們所呼吸的空氣；一吸，一呼，輕柔靜謐地輸送氧氣，使它更清新怡人。世界將我們擁在懷裡，就像母親懷抱著孩子，就像戀人們緊緊相擁。

我們身旁圍繞著愛與親密關係，生命之美無可言喻，它如此深刻，卻又如此簡單，我觸及它的同時，它也深深觸動著我。當下這一刻，是所有一切共享的一刻，多少生命開始，多少生命結束。此時此刻，出生，消逝，升起，退落，來而復去……，淚水自我盈滿的心中溢出。

如同一行禪師所說的，「我到了，我回到家了。」

我想說的是，「終於到家了！」

我的依止處。

在想到我的師父們、以及佛法僧三寶無盡的恩德時，我眼中也會湧出淚水。所謂的僧團，不只是學佛修行的團體，也不僅限於人類社群，它包括所有生命——山川、森林、冰河、草原……。

萬事萬物都在教導著我們，不曾停歇。

了解到這一點，使我深深地、深深感恩。彷彿千百萬年來世界都是黑暗的，我眼前一片闃黑，然後，忽然有人點亮了燈。

所有的祖師都映入我眼簾，我清楚看見他們的足跡，代代相續，如同大樹開枝散葉、清泉湧出無止盡的愛與慈悲，他們皆曾俯身，觸碰大地。兩千五百年來流傳的慈悲，在這裡相會，它蘊含著最溫柔平和仁愛的能量，它的良善，是如此純淨、如此清涼，就像在炎炎夏日跳進一泓清澈的水潭。

我流下感恩的淚水，感恩這珍貴的禮物——生命，這看似平凡無奇的生命。太陽、月亮、星辰、大地、呼吸，也都平常不過，隨處可得，一點也不神秘；然而，每一刻，都是奇蹟。

三、天空之心

天空之心

天空，含容一切
南飛的雁群，扶搖直上的獵鷹
以及無枝可棲的雀鳥
忙碌的客機
劃破天際
天空不動聲色地回復原貌
平靜　無為
做自己
火山爆發
烈焰吞噬森林
虛空煙塵不興

不增
不減
浩瀚無邊
龍捲風，颱風，颶風
星球撞擊
蒼穹仍默默守護著
太陽，月亮
和無盡的星辰
大地菩薩！
虛空菩薩！
擴展我們所能企及之處
無限延伸
張臂　擁抱

鹽巴與羊

所謂有覺察力，就是能夠時時刻刻處於當下，並且完全放鬆。禪修時，你不斷地試著這麼做；知道自己沒能做到，便再接再厲。你知道自己正在嘗試，於是放輕鬆，回到當下。

不論你在哪裡，可以試試看舒服地坐著，然後覺察自己的身體和心跳、以及呼吸時胸口和小腹的起伏，藉此感受一下這種覺察力。讓呼吸照著它自然的節奏進行；在呼吸起伏間，放鬆。

經過練習，你會發現真的可以和自己的呼吸接觸，不是把手放在鼻子前面去感覺，而是去覺察。能夠覺察呼吸，就會有更深層的放鬆，而能夠感受到呼吸的自然節奏。

有些人在學禪坐時，聽到「集中心」（concentration）這個詞，就以為是要全神貫注，於是勉強自己去專注。這會形成壓力，使身心緊繃，耗費能量，以致精神耗弱。

以禪來說，集中心代表一種心的特質，它不是靠用力去取得的，也不是在行使意志力，它指的是心的「密度」。

我說的「密度」是什麼意思呢？我們可以用稀釋的狀況來解釋，例如將一把鹽溶於水中，我們如何取回鹽？一種方式是以小火慢慢將水煮開，當水汽蒸發，鹽水就會越來越濃縮；心的密度也是如此。在這裡，「集中」不是動詞，它不是一個舉動或作為，而是指一種特質。它是那把鹽。

心的進程是這樣的：它一開始非常散亂混雜，念頭紛飛。我們過濾、提煉、濃縮，於是覺察力慢慢增強，逐漸集中。妄想雜念如同蒸發的水汽，且讓它去吧。

＊ ＊ ＊

禪修時，我們從兩個面向來修心：心的「範疇」和心的「活動」。

我們把心收攏起來，就像牧羊犬牧羊的做法。

清晨，綿羊散落在野外吃草，到了黃昏，牧童放出牧羊犬，牠非常聰明，牧羊很有一套，牠會繞著圈子奔跑，一圈一圈逐漸縮小範圍，慢慢將羊群聚集在一起。

心就像那些綿羊一樣，分散在一個遼闊的區域，到處都是。回到當下，能夠將我們的心帶到一個比較小的範圍內，也就是指身體。這就是我所說的心的範疇。

同樣的，心的活動是指集中的過程。從禪法來看，未曾經過訓練的心，活動方式是雜亂無序的；藉著回到當下、回到我們的身體和呼吸，我們訓練心以一種較有規律的模式、在一個較小的範圍內活動，直到我們能夠使它慢下來，最終集中到一點上。我們的覺察力就在那一點上，是高密度的，非常集中，此時，自然的節奏就會出現，不再是自己刻意去這麼做。它不是自己製造出來的，它存在於「自我之前」。

當你將覺察力帶回當下、帶回身體和呼吸，那仍然是有意的運作，是自己刻意去操作、刻意製造出來的，其中有勉力而為的成分和壓力。這種放鬆並不是真的很放鬆，它仍然是作意的，你是在找呼吸，而不是發現呼吸，讓它來找你。

如果持續回到當下、回到呼吸，你會發現綿羊慢慢成為訓練有素的羊群，只要一看到牧羊犬，就會自動靠攏，順從的聚成一小圈。

　　我們蒸發了水，取得了鹽，綿羊也乖乖歸隊，在這狀態中，我們就是那覺察力。不過，禪法更進一步，在我們能夠專注並且和覺察力合而為一時，我們還要再問：這覺察力究竟來自何處？

出口

禪修時，我們經常談到妄想雜念讓心無法慢下來、無法止息。然而，這些念頭只是使我們分心的部分原因，出現在內心裡的影像畫面也會吸引我們，分散我們的注意力；我們也可能因為聲音、旋律、氣味，或任何感官的刺激而分心。如果沒有任何語句附加在這些感官現象上面，它們也就只是音樂、味道、氣味或影像而已；一旦語句隨之而起，我們就稱它為念頭。

當你聽見某個聲音，例如狗叫聲，立刻便有念頭生起，於是你在腦中自言自語，編出一連串故事情節：那隻狗是什麼顏色，它是大狗還是小狗，是男生還是女生，大概幾歲。你想起小時候養的狗，以前經常在一起玩耍，牠最喜歡吃起士餅乾……，想到好多好多有關牠的事，直到心感到厭倦了，才將注意力轉到其他事情上。有故事情節，就有念頭，這就是禪修中所說的「想」。

念頭可能會引發情緒。你聽到狗叫聲，可能並沒有去猜想牠的顏色，而是被惹得一肚子火，讓你覺得很生氣，此時你心裡面上演的情節是帶根棍子去修理那隻狗。

情緒並非都是由念頭而起，這是雞生蛋、蛋生雞的問題，念頭也會因情緒而起。你聽到狗叫，想起你最近剛往生的狗，於是悲從中來。牠曾是如此好的朋友，你想到和牠在一起的快樂時光，念頭不斷生起，越想越難過。狗叫聲引發了悲傷的情緒，念頭隨之產生，而這些念頭又加深、放大了情緒，然後帶出更多念頭，最後你不由得哭了起來。

情緒產生念頭，念頭產生情緒，如此惡性循環，出口在哪裡？

放鬆，訓練你的心，回到呼吸。呼吸！然後，回到當下。

改變我們的心

在禪門，我們曾仔細審視：感受你的呼吸，隨著你的呼吸而放鬆，沉浸並消融在呼吸的覺受裡。

在《安般守意經》（*Anapanasati Sutra*）中，佛陀提到對身體和呼吸的觀照，禪門幾世紀來都不斷地加以闡釋。禪，融合了道家（在佛教傳入中國之前即已存在）對氣複雜而神秘的研究；氣是在我們體內循環的能量體系。禪的根源還包括印度的吠陀教法，吠陀在印度也早於佛教，佛陀就很精通這教法。

呼吸是個奇蹟，它是生命的首要條件。呼吸是我們和外界互動的主要橋樑，是我們和他人連結的一種方式，我們都呼吸著同樣的空氣、走在相同的大地上、喝著一樣的水。

當我們體驗到呼吸微妙的本質，並用我們的呼吸把自己一次又一次地帶回當下，就會明白，我們之所以感覺到時間，是因為念頭一個接一個串在一起，形成意識流使然。一個念頭升起，然後離開，接著下一個念頭升起，然後離開，於是就有了過去的念頭、現在的念頭和未來的念頭，相續不斷，便產生時間流逝的感受。

如果我們的心都在當下，就不會有很多散亂的雜念，而能夠始終處於此時此刻，這樣，我們就不會感受到時間，這就是為什麼有時候一個小時過去，感覺上卻好像不到一分鐘。

在這種狀態中，我們忘記了時間、忘記了空間、忘記了身邊的事，只剩下呼吸，我們好像沒有在聽、也聞不到味道，只有呼吸一進一出、一進一出。我們忘記了自己的身體，有些人可能會害怕，因為忽然感覺不到自己的手臂或雙腿，甚至好像整個身體都消失了，彷彿身體融化在空氣中，失去了軀殼。我們稱這種狀態為輕安，身心非常輕鬆自在。

在日常生活中，我們可以專注於呼吸，藉著將自己帶回呼吸的律動上，就可以在工作和人際關係間同樣感受到那種自然、不費力的律動。如果注意力能夠不離開呼吸，一整天下來，我們會覺得很輕鬆愉快，感受到輕安——一種安詳、平靜、安定的感覺，這就是禪，不是只是坐在蒲團上打坐、體驗呼吸，而是全心全意地將呼吸帶入我們的日常生活、帶入世間。

「輕」的意思當然就是不重，「安」則是穩定。不重卻穩定，這怎麼可能呢？通常我們需要感受到重量才能覺得穩固，然而，當我們感受到輕安時，我們會覺得穩定，卻不覺得沉重；我們是輕盈的，沒有重量，但是覺得很安穩。這種穩定感，就像一頭步伐穩重的大象，走起路來踏實而不笨重。在這種狀態下就是如此，你覺得非常安穩，你感受到整體。

當這情形出現時，會有一種全新而奇妙的美好感受，因為在這之前，我們的心往往是散亂迷惘的。以禪而言，我們很小心的將這種境界和 sunyata（空性）區分開來，這是一種綿密專一的狀態，那頭大象、那個自我仍然在那兒，只是自我跟外界是統一的。禪，還必須要粉碎這種統一的境界，達到無心、sunyata，亦即開悟。

當我們在禪坐中體驗到輕安，就不會覺得疼痛，這是輕盈感的一部分。痛會帶來沉重感，覺得被困住、受到束縛、失去控制，疼痛就像強大的離心力壓縮著我們的身體，使肌肉僵硬沉重。

在這種專一集中的狀態下，我們不會覺得痛，而會感到舒適放鬆，可以一連打坐數小時也不覺得疼痛或腿麻。我們是輕盈的，寧靜而安穩。這是不是表示我們的疼痛消失了呢？很不幸的，並沒有！等我們從這種專一的狀態出來以後，疼痛又會出現，因為我們的身體本來就是血肉之軀。

在這種狀態中，似乎也沒有妄想雜念，這表示我們的妄想雜念消失了嗎？不，也沒有。這只是因為你的心很集中，不再去注意它們，所以它們好像不見了。

除非是死人，否則我們本來就會有心理活動，只不過是多或少的問題。當你訓練自己能夠將注意力更放在當下，就會感受到妄想雜念越來越少。

如果你的心被正在閱讀的內容所吸引，可能會進入到相似禪修中的「未到地定」（preabsorption），而不再覺察所處的環境——就像此刻，對正在雅加達南部蒼翠的山林間寫下這段話的我來說，是微風拂過林間，樹葉沙沙作響，鳥兒在枝頭鳴唱，以及山下小溪的潺潺水流。

在這種集中心的狀態中，你開始失去對時空和身體的覺受、失去對念頭和環境的覺受。在這些情形出現之前，你會察覺到呼吸開始變化。

什麼變化呢？

一般而言，呼吸的頻率大約是每分鐘十六次，當我們進入專一的狀態，每一口呼吸的時間都延長了，彷彿可以無限延長下去，這可能會使人感到不安，呼氣一直延續，它到底會不會停啊？在專一的狀態下，通常我們一分鐘不再呼吸十六次，而是只有四次。

不管你在做什麼，回到呼吸，回到當下。藉由體驗呼吸，我們永遠都能找到希望。呼吸從粗重轉為輕柔、從混亂到有序，隨著呼吸，我們可以轉變自己的心。不論走路、喝水、吃飯、洗碗盤，只要我們可以感覺到自己的呼吸，生命就是生動活潑的。我們可以體驗到專一，找到平靜安詳的心境。

快樂不是來自於外在的感官刺激，快樂是發自內心，從專一裡面、從輕安中，它會自然升起。快樂來自平靜，而平靜來自於練習將你的心帶回當下、帶回你的呼吸。這是一門藝術，可實際操作和創造。

一切，從呼吸開始。

胎息

在禪修中，當你調整呼吸到某個地步，就可能產生所謂的「胎息」現象。道家會藉修持來刻意達到這種狀態，但在禪修中，它是無意間自然發生的。

當你用這種方式呼吸時，就像胎兒在母親的子宮裡一樣，胎兒不是用鼻子、嘴巴或肺來呼吸，而是透過臍帶和母親連結來呼吸。

禪修中胎息的情形當然不是用臍帶來呼吸，不過也不再是用胸腔，而是彷彿以我們全身的毛孔來呼吸。當我們呼氣時，空氣從所有的毛孔散出去；吸氣時，毛孔就像海綿般吸收空氣。

雖然在禪修中它是無意間發生的，卻能顯示出禪和我們的呼吸以及身體的微細關聯。禪修就像爬樹，你想爬到樹頂，在途中會碰到許多枝幹可以攀爬，但它們會使你偏離目標。禪修中，如果我們經驗到胎息，別太把它當回事，不要特別去注意它或起心動念，也不要試圖去加深或放大這經驗，我們的目標應該是回到我們正在做的事，回到當下，調我們的心，而不是去注意從毛孔呼吸這件事。

龜息

禪修中可能會出現的呼吸狀態，最後一種叫做「龜息」。跟胎息一樣，道家是刻意修持來達到這種境界，而禪修則是自然發生。

有一種烏龜可以埋在地底很長一段時間，牠如何存活？牠自成一個小宇宙，在其中自給自足，不需要依靠氧氣或其他外界的養份來維生。

有一些修行工夫很深的禪師，在進入深定時——深刻的專一狀態，也會有同樣情形。你感覺不出他們的心跳或呼吸，彷彿死去了一般，但事實上他們仍然能夠維持著生命，我們稱之為龜息。這種修持，跟印度瑜伽士能夠在水底待上很長的時間很像。

聖嚴師父的師公虛雲老和尚曾在泰國弘法，講《法華經．觀世音菩薩普門品》。在演說中，他進入深定，端坐不動；一日一夜過去，仍然坐著。消息很快傳開，就連泰皇也前來致意。整整九天之後，虛雲老和尚才出定。

雖然虛雲老和尚是禪師，但是禪宗其實並不鼓勵這一類的修持，這種能力看似神奇，甚至超乎自然，但從佛法的觀點來說，其實沒有什麼，而且有時還會帶來麻煩。

尤其當我想到台灣的廣欽老和尚有一次差點被火化的事，就覺得頭皮發麻。他曾在清源山一處山洞修行，有一些上山砍柴的樵夫遠遠看見他在洞裡打坐，但好幾天過去都似乎沒有動靜，便請來當地寺院的住持前往察看。他們見他坐著一動也不動，沒有心跳，也沒有呼吸，於是猜想他一定往生了，便升起一堆火，準備將他火化；不過為了謹慎起見，又請人通知弘一大師。弘一大師聞訊趕來，彈指三下，才將廣欽老和尚自深定中喚醒。

我想，這個故事提醒了我們要留意這種龜息狀態，否則，當你出定時，說不定會發現正躺在自己火葬大典的柴堆上呢！

四、清涼柔和的禪軟膏

人們在遇到麻煩或壓力時，往往會試圖忘掉這些壓得他們喘不過氣的事物，將它們拋到腦後。他們上健身房、做SPA、唱卡啦OK，或者通宵跳舞、喝酒嗑藥到忘記一切。他們上街血拼，買紅了眼！這就是他們的療程。也有一些人大吃大喝，巧克力、洋芋片，一桶一桶抱著坐在電視機前，看到七竅生煙。還有一些人則是拼命睡，睡醒了再睡！

這些方法可以提供立即的滿足，將煩悶瞬間釋放。然而，這就像是你覺得身上癢，越抓越癢。

買！買！買！

吃！吃！吃！

你還是感到空虛。

High過之後，便掉入虛無。

樂團收拾樂器，音樂終了，派對結束。

禪將生活視為藝術，我們都必須善巧地打理我們的生活，這就是為什麼禪要談方便法，它是善巧而靈活的。

禪，使用的是非傳統式的教法，不照本宣科，有時甚至不按牌理出牌，一切根據各人所需而定，端看他／她是什麼樣的人、在那個時間點的狀況如何，專門為他／她量身打造。

回到你的呼吸，回到當下，放鬆。

你覺得癢嗎？

歡迎使用清涼柔和的禪軟膏，能夠有效止癢，絕無副作用。

拜佛

我很少碰到很嚴重的問題，但偶爾還是會有一些麻煩的事情冒出來，有些時候真的很難處理，單憑思考無法解決，因為狀況已經超出我的能力範圍。這些問題通常跟我的寺院或共修聚會處有關，也可能跟宗教如何融入新加坡社會、或其他我前往指導禪修的地方有關。當遇到這種情形，我就會拜觀世音菩薩，她的名字的意思是「深刻傾聽」或「觀照普世之音」。我留意覺察自己的身體，慢慢地拜下、慢慢地起身，就像電影「駭客任務」（Matrix）中的主角閃避子彈那樣。

這是禪修版「駭客任務」，動作緩慢，正念觀照。

很快的，我就能平靜下來。

＊＊＊

世間事，有時候確實非我們能力所能控制或能夠理解。佛教有時被稱為「心的科學」，而不僅只是一個宗教，雖然它也有宗教的面向。各宗教都相信有一個造物主，佛教卻非如此，佛陀是人，不是神，他並沒有創造這個世界。在佛法中，沒有任何一個生命是超乎一切之上的。

我的養成教育是科學，在大學攻讀生物科技，主修基因工程。我對科學感興趣，是因為我很好奇萬物為什麼會是這個樣子，我想更了解其中的深意，因此被基因學所吸引。為什麼我們都不一樣？即使是雙胞胎，有著相同的父母和成長環境，為何個性和行為卻不相同？為什麼人們膚色有白、黑、黃的差別？這些基因密碼DNA和RNA到底是什麼，使這個自我看起來如此真實？一個小小的精子和卵子結合，如何能長成一個成熟的個體，不僅可以思考還能夠感覺？「自我」從何而來、去向何方？這些問題促使我進入科學領域。

我很快就發現，科學對物質世界的運作方式有深刻的了解，卻無法解答一個基本問題：一切事物為什麼是這個樣子？於是我開始對宗教產生好奇，閱讀了各宗教傳統和哲學的書籍，並參加新加坡的佛教、伊斯蘭教、天主教和印度教的社團，想尋求答案。當接觸到佛教時，就如同撞擊一口大鐘，立刻產生共鳴。

我超喜歡佛教，它跟科學一樣是可被驗證的，你可以親自體驗，向內心觀照，自我檢視，以此來測試它的教法。它跟科學若合符節，使我眼睛為之一亮，佛陀早在兩千五百年前就談到相對論的概念，質能之間不斷互換，以及宇宙萬物的變遷，物質實際為空的概念，還有，看似堅實的事物，其實並無實體性。

佛陀本身的故事也令我感動。他原本是享盡世間榮華的王子，這對在新加坡一個簡單的華人家庭長大的青少年來說，是很讓人印象深刻的。佛陀放棄了他的王國和舒適享受的生活，前去追尋真理，藉以幫助他人，過著簡單而無我的生活。

「那我呢？我要過什麼樣的生活？」我問自己。我可以看到自己的前景：家庭，工作，房貸，教養子女長大成人，退休，衰老，生病，死亡。「這一切又是為了什麼呢？」我很想知道。當我聽聞佛陀的生平故事，我想，如果跟隨他的腳步，或許我可以有不一樣的人生。我被他的智慧所吸引，也為他的慈悲所感動，我也想過著崇高無我的奉獻生活。禪的精神就這樣擄獲我的心。

我的動機聽起來純正清高，但我得承認，佛法和出家為僧之所以吸引我，部分原因和少林寺功夫片有關，我從小就很愛看，那些僧人出神入化的武功以及脫俗的靈性，使我無比著迷。我會在肩上披一條毛巾，在家裡走來走去，假裝它是僧袍；我比劃著武打招式，拳打腳踢，在我床邊跳上跳下，發出格鬥的吼叫聲。我總是請媽媽幫我剃掉頭髮，我想要那種外形和裝扮，以及那種（小孩子卡通式概念的）神聖感和力量。

姑且說，那是禪的召喚吧。

✳ ✳ ✳

我第一次做拜佛的修持，是在青少年時期，到了十六、七歲，就開始做拜佛的定課，自此之後，拜佛就成了我修行中不可或缺的一部分。

拜佛有很多益處，卻和消業障無關，也不是在向一個超自然的力量尋求加持。拜佛可以促進血液循環，當你拜佛時，血液會流向腦部，在拜佛之後，思考會更加敏銳；而拜下去俯身貼地時，可以伸展脊椎，改善氣的運行。緩慢拜佛，覺察自己的動作，能夠使你放鬆，頭腦也會更清楚。

西方人對拜佛懷有疑慮，覺得有偶像崇拜的味道，這是他們最受不了的事。畢竟，你是對著一尊塑像彎腰鞠躬，而且還不只鞠躬，根本是五體投地跪拜。這種東方卑躬屈膝式的服從姿勢，讓講求平等主義和個人主義的西方人很不舒服。

但是以禪的觀點來說，拜佛是一項藝術，是一種高度進化的心靈技藝，優美而含意深遠。

塑像只是一個象徵，是我們觀照的對象。我們站在它面前，兩手當胸合掌，貼近我們的心臟，收攝身心。十指代表十法界——未覺醒的六個法界，以及已醒悟的四個法界。

未覺醒的法界包括地獄、餓鬼、畜生、阿修羅、天和人；已醒悟的法界包括阿羅漢（開悟的眾生）、緣覺、菩薩和佛。

這十種生命特質構成存在的型態。將十指合在一起，靠近我們的心，象徵著一切唯心所造，天堂和地獄都在於我們的心。

我們都曾經驗過餓鬼道的貪婪、動物道的愚痴、以及阿修羅道的嫉妒和衝突。阿修羅道的男性醜陋而粗暴，彼此爭戰不已，女性則美麗誘人，引起沒完沒了的麻煩。我們也都曾像天界的眾生，沉迷於逸樂，重視感官歡愉，縱情享受。我們的人性自我當中，混合了這所有一切。

在已醒覺的法界中，有出離的阿羅漢，藉由不執著、以及無常無我的智慧，而得以放下，證得宗教生活的目標。還有緣覺（也稱獨覺），通常生活在大自然中，獨自修行而證悟。他們的智慧來自體悟到空性、相互依存和互為緣起。菩薩們也是醒悟的眾生，具足所有這些特質，同時也具有廣大的慈悲心和大愛，能夠利益眾生。諸佛則成就了一切智慧。

當我們開始拜佛，十指合併時，要覺察十法界及其微妙處，天堂和地獄，都是在此時此刻的一念心中所建立。

雙掌之間有空隙，象徵著空。所有一切都是在此時此刻的當下創造出來的，空性是我們心的真實本質。站在那裡準備開始拜佛時，我們察覺到，所謂的此時此刻，不過就是我們的心境，不論它是什麼狀況，都是一直在變化的，我們可以改變它。

首先是問訊，左手抱住右拳，伸出左右食指，指端相觸，結成手印。這個手勢的形狀代表蓮花的花苞，在佛法中，綻放的蓮花象徵著美妙香潔的智慧慈悲之花——成佛——自輪迴的污泥當中生長出來。所謂輪迴，是被無止盡的「死亡—再生—苦」這個循環所侷限的物質世界。

我們躬身行禮以示謙卑，虛心轉化我們的心。我們就像那花苞，我們是可以被轉化的，我們都是未來佛。

接著將雙手舉到額前，眼睛可以看到結成花苞的手勢，這代表供養、慷慨、恭敬心。花苞是我們的心，我們將它供養給諸佛所化現的無量眾生，我們學著去真正看見他人，去溝通、去和解。我們有多少問題是出在無法和人面對面好好溝通解決？眼前的蓮花苞，提醒著我們這一點。

然後我們再度合掌，拜下，伸出手掌和手臂，我們接觸地面，腳踏實地。對某些西方人來說，這部分似乎特別不成體統。俯身的姿勢象徵著出離，我們放下自我中心、放下驕慢自大，很多問題都是由這些習性而起。能做到這樣，就會開始有智慧。

接著翻掌，掌心打開向上，打開我們的心胸，領納智慧與慈悲；然後闔上掌心，將智慧與慈悲帶入我們的心。接著再翻掌，雙手碰觸地面，接觸塵埃泥土，接觸所有那些我們壓抑住、不想面對的事物，我們往往只想將它掃到地毯下，眼不見為淨，而在佛法裡面，我們必須面對那些塵泥，才有機會轉化，我們以智慧和慈悲來面對、來接觸。

慢慢起身，我們是出於污泥的蓮花，重新開始，清新盎然。我們已轉化自己的心，已轉化紛擾的人際關係和混亂不安的世間。

在拜佛中，藉著淨化我們的心，我們淨化了這個世間，成就淨土。我們接觸那些在病中和苦難中，被哀傷、沮喪與失望所包圍而不知所措的人，我們接觸臨終者，我們以智慧和慈悲來接觸所有人，以謙卑、寬大和恭敬心跟所有生命連結，我們接觸大地。

＊ ＊ ＊

我所描述的拜佛修持有幾個不同出處，你可以看到印度和吠陀的影響，與中國民間信仰吻合；中國民間信仰中也有未覺醒的六道的說法、以及淨土和地獄的思想。而醒悟的四法界，則是佛教所特有的，傳入中國之後，幾個世紀以來，在禪修中完整的保存下來。

在中國民間信仰裡，觀音菩薩成了佛祖和玉皇大帝之間的調解人和信使。

玉皇大帝有點像希臘神話中的宙斯，統治著東方的天庭，而觀音菩薩則類似雅典娜，她住在竹林深處，不時現身安撫玉帝，並緩和天界和人間的關係。在民間信仰中，佛祖住在西方淨土，疏離而超然，只有在極度危難的時刻才會出手調停，平常他都將麻煩的頭痛事留給竹林裡的大慈大悲觀音菩薩去處理。

我出生的那一天，是觀世音菩薩誕辰，我母親請了一尊觀音像回家。和中國許多單純的婦女一樣，當她遇到麻煩時就會向觀世音菩薩祝禱，恭敬地祈求菩薩幫忙。我以拜觀世音菩薩做為修行，可以看作是這種虔敬行為的另一種形式。

我的拜佛修行，在參加韓國特別的拜佛禪時達到高峰，一百天之內拜了三十萬次。一般大約二十分鐘可以拜完一〇八拜，每天大概需要九個小時，才能做完禪期中所規定的每天三千次拜佛。這類禪期在春、秋二季舉行，三十萬次的拜佛可以分段進行；每間寺院能夠掛單的時間長短不一樣，但可以接連在不同寺院掛單以延長時間，寺院會提供一個小房間或是在大殿保留一個位置給你拜佛。

我在春季做了一部分的拜佛禪修，然後在夏天參加 Kyol Che，接著在秋季完成拜佛禪期。結束後，我又參加了第二次在冬天舉行的 Kyol Che，然後到山裡閉關，也就是出水痘的那一次。

我在第一次參加冬季的 Kyol Che 時，（內容請見「老虎與貓」一文），拜佛修行有所突破。禪期中規定，早上起來第一件事，就是在二十分鐘之內做完一〇八下拜佛，一開始我很受不了那種狂亂的速度，結果發生了一些事，使我轉變態度，也有了不同的體驗。三個月快過去時，我早已不去想禪期何時結束、何時才可以不再用這種快到會扭斷脖子的速度拜佛，我完全放鬆，不再被拜佛的速度所困擾，只是隨順，就只是拜而已，不再反抗，不再質疑，不再排斥。

在寒冷的禪堂裡，汗從額頭滑落，滴在我面前的地板上形成一小灘水，我可以聽見自己的喘息聲，心臟急速砰砰跳著，然而，我的內心寧靜安詳、清澈、平靜、光明。

全心投入

常有人問我：禪能不能使你成為一個更好的人？嗯，要看情形。禪是一把利刃，可以用來切蔬果，也可以用來傷人；一個經過提升、訓練有素的心，如果沒有好好運用，也有可能帶來危險，有些人會產生「禪病」。

經過修行，你的注意力會變得比較敏銳，也會更沉穩、更有自信，能夠發現其他人沒有注意到的事物，而使你變得傲慢、沒有耐心、自負。有這種禪病的人容易批評和譴責別人。

這也是今日佛教的趨勢。跟過去相比，現在的在家人修行機會比較多，他們學到一些佛法知識，就變得驕傲起來。

知道是一回事，能夠真正體證和實際去做，又是另外一回事。

傲慢是禪病的一種形式，另一種則是感到受挫，於是從世間退縮。有這種狀況的修行人，會變得焦躁易怒。他們在禪坐中感受身體和呼吸，進入專一的狀態，變得平靜快樂，然而當他們一停止禪修，就被世間種種混亂和麻煩的狀況嚇到，害怕的只想逃走。

有一些在家人來參加我主持的禪修活動，覺得好極了，但他們不想成為出家人，因為出家生活有許多限制，不能喝酒、吃肉、看電視，不能有性生活，也不能賭博；可是他們也不想回到社會中，他們開始覺得那種生活太過緊張忙碌，所以只是找個兼差的工作，一有機會就跑來打禪七。他們過著一種半吊子的生活，既非出家人，也非完全的在家人，只能說一半一半吧。

禪修，絕不是退縮到自己的世界裡，而是要活在此時此刻，全心投入日常生活。禪跟生活不是分開的，它們是同一件事。禪並非只是成天打坐、持咒拜佛，讓你沒空煮飯、打掃家裡、發展事業或照顧小孩。

禪，是好好過生活，學習承擔更多責任，有更開闊的胸襟，而非做個局外人，然後指責別人的失敗和錯誤。你不批評、譴責或吹毛求疵，你尊重別人，為他人喝采加油，學習慈悲仁愛和寬恕。你看到人們的善良，看到每一個人都是佛，同時也幫助其他人看到這一點。

禪與藝術

禪法裡面有「方便法」。禪，可以是深奧的哲理，也可以直截了當、簡單扼要；一般稱它是「不立文字」的教法，它打破概念，居於教條之上，甚至取而代之。

禪就是以這種精神來擁抱藝術，尤其是當在家人開始接觸寺院、和出家人互動時，藝術是一種指導禪修的好方法，可藉此呈現禪的本質、探索它的內涵。像書法、茶和詩這些藝術禪，就是俗世社會和寺院宗教生活之間很好的橋樑。

即使大乘傳統的理念是奉獻自己以利益一切眾生，禪寺的出家眾，仍往往傾向於注重自我解脫，而沒有向外去接觸人群、幫助他人。藝術禪可以觸及世俗社會，而世俗社會也可以藉由它接觸寺院，進而影響他們。

身為指導禪修的老師，我的看法是，藝術是一種可以幫助在家人得到禪法利益的方便法。在我指導的禪期中，遇見過很多帶著壓力和各式各樣問題前來參加的人，他們內心的紛雜混亂程度，是我們生活在寺院裡的出家眾所未曾經歷的。基本上，寺院生活比較單純，作息規律，使你在打坐時很容易就能夠專注，因為沒有太多干擾。

禪對藝術的影響、以及展現在可稱之為禪美學上的，是它簡單、直接、以及生動或自然的特質。它有一種「見山是山」的傾向，表現出事物原來的本質、原來的樣貌，看清楚事物的真相，這也是另一種對美的認知和表達的方式。

就連武術也受到禪的影響。根據傳說，菩提達摩對少林武術的發展有直接貢獻；由於長時間打坐，他發展出一些可以增強肌肉和筋骨的運動，被記載在《易筋經》中。這本書是氣功文獻和修行的經典著作，被歸為達摩所著。

從藝術禪上面，我們可以看到佛法和中國文化完美的融合。我除了學笛子之外，也學習書法、繪畫、還有茶道，因為我認為我們應該將這些藝術形式和休閒活動帶入佛教。

禪佛教是極為生動活潑的。

禪不拘形式，正因為如此，它可以有許許多多不同的形式。

禪沒有方法，正因為如此，它可以有無數的方法。

禪的精神是：富有生命力，靈活、具適應性，變化無窮。

這也是藝術創造力的精神與展現。

禪與性

出家戒的第一條就是不淫慾，甚至也不可以自慰或看色情影片。我們希望將和性有關的能量導引到其他方向，例如幫助他人。

對於禪修和探索心靈而言，家庭生活有可能使人分心。我的在家弟子說，家事、另一半和孩子，真的有忙不完的事要做。而在心靈的道路上，性慾也可能會讓人分心，尤其是在心裡面一直想到性的時候。

從生物學上來說，男性性器官因為充血而變熱，現在西醫所提供的威而鋼，就是為了達到這個目的——增加血流量。在道家的某些修煉中，藉由灌「氣」、而非充血，可以達到同樣效果。在某些佛教、道教和印度教的派別中，灌氣的方法導致「男女雙修」，以男女結合做為靈修的方式。

以禪的觀點來看，之所以會出現這些修行方式，是因為性能量充沛，這些修煉法的創始者有太多精力，不知道該拿它們怎麼辦，它總得有個去處。但進行這樣的修行要非常謹慎，如果你有過多慾望，終將玩火自焚。

如果你覺得自己有很強的性衝動、或有性能量方面的問題，可以將注意力放在位於腳掌中央的湧泉穴上，將有助於調節你的慾望。中醫也以針灸這個穴位來幫助性能量過強的人，例如強暴犯。

我們不能期望所有人都是聖人，人們有各自不同的需求；禪很實際，能夠接受世間的不完美。在家人並非出家團體的一份子，可以有性生活，禪法只是建議你要適度。至於如何才算適度？你得自己找出答案。

打好基礎，磨利斧刃

禪修時，我們先從特定的打坐和呼吸方法開始練習；要熟練這些方法，培養出良好的專注力。我們必須先試著打好紮實的基礎，否則我們所建構的，將是一個搖搖欲墜的建築物。

《百喻經》中有這麼一個故事：有一天，一位富商在城裡看到一幢非常漂亮的房子，回家之後仍念念不忘，於是請來一位建築師陪他進城去看那房屋。

「你可以幫我蓋一幢像那樣的房子嗎？」他問建築師。

「沒問題。」建築師回答。

「那就開始進行吧。」富商說。

他很高興的回到村裡，買下一片特別的土地準備蓋新家，並且每天都到工地看施工情形。第一天，他什麼也沒看到，第二天、第三天、第四天，還是一樣。一星期過去，他的新家仍一點影子也沒有。

他把建築師找來。

「我們得先畫好藍圖，才能訂建材。」建築師向他解釋。

商人只好繼續等，但左等右等還是沒看到房子，於是又把建築師找來。

「我們得先打好地基。」建築師說，「我們要先灌水泥，把地基鋪平，確定地基平整後，才蓋一、二、三樓。」

「那些都免了吧。」商人說，「我喜歡的是那個上面有著斜屋頂、前面有個漂亮陽台的三樓，我只要三樓就好了。」

我們的修行也是如此，很明顯的，我們不能只要第三層樓。值得記住的是，無論什麼事，所有偉大的成就都是從根本做起，從打好基礎開始。

這則故事有另外一個版本：建築師蓋了第三樓。商人自外經商回來，滿懷期盼，在快要到達新家時，他可以看到樹梢後面那美麗的三樓，但是等他來到屋前，才發現建築師將第三層樓搭在柱子上面，他根本沒法上去。

真正的大樹，需要足夠深廣的樹根，根部擴展的範圍至少要像樹蔭覆蓋的面積一樣寬。

你需要多深、多廣的根基？我沒辦法告訴你，你必須為自己找到答案。

✳ ✳ ✳

禪不僅談樹如何生長，也談如何把它砍下來。重要的是，斧頭必須夠鋒利，如果斧刃很鈍，就算花再多時間猛砍也不會有結果。

再說一個故事：有三名樵夫來到森林，第一個樵夫立刻開始砍樹，第二個人很快地磨了一下斧頭，也開始砍伐，第三個樵夫則花了很長時間磨利他的斧刃。

起初前面兩人還在取笑第三個樵夫，但他開始砍伐後，還不到午餐時間就已經完成所有工作，扛著木柴回家了。現在笑的人可是他。

花點時間將斧頭磨利吧，坐在磨刀石前好好地磨斧刃，磨啊磨，等到你準備要砍伐時，之前的努力不會白費，你不需要花很多力氣就能做得又快又俐落。鋒利的斧刃自會完成工作。

不論你想成就什麼，都要先打好基礎，並且磨利你的斧頭。

待人處世

禪必須展現在我們的待人處世上，否則它是毫無用處的。曾有一些來跟我禪修的人，說得一口好佛法，但他們所了解的是他們自以為的佛法。他們跟隨過漢傳、南傳以及藏傳的老師們學習，也讀誦經典；來到寺院或參加禪七時，他們會恭敬問訊、輕聲細語，回到家之後，卻是又吼又叫地指責別人。

如此學佛有什麼用呢？

唯有改變我們自己對待他人的方式，才可能期望改變世界，使它成為一個更寬厚、更和平，充滿慈悲和希望的地方。我們可以用溫柔、仁愛和寬恕的方式與他人相處，藉此改變他們。但是在我們能夠做到這一點之前，必須先以這些特質和自己相處，我們必須開展自己內在的轉化。

親身體驗

我們很容易被外表蒙蔽。此刻當我看出去，我的眼睛看到這個房間，這個房間是真實的嗎？我的眼睛告訴我它是真實而堅固的，但是當我將它一點一點拿走——樑柱，木材，牆壁——它就不再存在了。那麼，這是否代表這房間是不真實的呢？不對，它也並非不真實的。

禪教導我們不應該落入兩端——存在，或不存在。我們的意識不應該緊抓住或執著於事物外表看上去的樣子。

來說一個故事：烏龜和魚住在大海中央，他們是好朋友，每天都一起喝下午茶，愉快地聊天。

有一天烏龜沒出現。真奇怪，他去哪裡了呢？魚心裡納悶著。

過了大約一星期，烏龜回來了。

「為什麼這幾天都沒有看到你？」魚說。

「我去渡假啦。」烏龜說。

「去哪裡渡假？」

「一個叫做陸地的地方。」

「那個地方是什麼樣子？拜託跟我描述一下。」

「那裡沒有水，到處都是人，他們不是用游泳的方式，而是用兩條腿走路。」

魚目瞪口呆地看著烏龜，「我不相信！」他大叫，「怎麼可能會有一片沒有水的陸地，而且還有叫做『人』的東西用兩條腿走路？」

魚無法想像陸地，因為他執著於自己的意識——念頭、情緒、感受、記憶，以及腦中所有一切的集合體。但是以禪來說，我們不應該否定那些自己未曾經驗過的事物。

禪，必須去親自體驗。人們往往試圖用聰明才智和知識去了解禪是怎麼一回事，然而，魚是無法體會乾燥的陸地的。

要時時刻刻保持開放的心胸，自己去嘗試，你自身的體驗就是最好的老師，事實上，也是唯一的老師。

這是《羯臘摩經》（Kalama Sutra）所告訴我們的。佛陀來到羯臘摩村，村民問道：「我們為什麼要聽你的說法？已經有許許多多的老師和聖者經過這裡，告訴大家他們對實相有某些特殊的洞見，或是他們已經找到究竟的真理。」

聽完村民的話，佛陀回答：「不要因為這是傳統、或外在某個權威人士說這是你該做的，所以你就追隨我的教導；也不要因為大家都這麼做、或你聽說它很有幫助，所以遵從我說的話。你應該自己去體驗，然後再做決定。」

這就是佛陀所教導的 Ehipassiko，這個巴利文的中文翻譯是「來，看」，意思是：請親自來看看。

佛性

我曾在歐洲和亞洲不少地區遊歷，也在聖嚴師父位於美國紐約 Pine Bush 的禪修中心住了三年，另外還在澳洲住過四年，我逐漸感受到，生活於不同國家、不同文化的人們，內心其實或多或少是相同的。

華人重視敬愛父母和長輩，但是這種愛和尊敬不僅限於華人，不論你是黑人、白人或黃種人，我們都敬愛自己的父母和祖父母，也都疼愛自己的孩子，照顧他們長大成人。其實我們不像有時所以為的那麼不同，我們的基本人性——思考和感覺方式——是很相似的。

中文的「我愛你」，英文是「I love you」，韓語則是「Sarang hae yo」，

日文是「Aishiteru」，印尼話「Aku cinta kamu」，菲律賓語「Mahal kita」，越南話「Anh yêu em」。

有多少種不同的方式說「我愛你」？太多了！然而，感受是相同的，意思是相同的。

愛的意義不會改變，心的基本問題也同樣不變：貪心，瞋怒，欲望，以及貪愛。人們的不快樂，我們所有的負面情緒，也都一樣，可沒有分什麼印度人的憤怒、中國人的憤怒、或美國人的憤怒，它們完全相同。

禪宗有一個很棒的故事可以說明這一點：六祖慧能不識字，有一天偶爾聽到有人念誦《金剛經》的句子而開悟，於是離開家鄉廣東，前往湖北黃梅山去找五祖弘忍。初見面時，弘忍提出問答考驗，於是兩人展開一番唇槍舌劍。

「你從哪裡來？」弘忍問。他是在問：「什麼是你本來的自性？」他在考驗慧能的深度。

「南方。」慧能回答。他先給出一個相關的答覆，而沒有急著立刻跳到究竟的答案。

「南方來的都是野蠻人。」弘忍說。在中國，說某人是野蠻人是很嚴重的侮辱。弘忍在試探、逼迫他。

「不論北方或南方，所有人都具有佛性。」慧能冷靜地回答。

「去，到廚房去舂米。」弘忍很滿意他的答覆，但或許認為慧能還是有一點在動念思考、自作聰明，所以叫他去舂米。禪就是如此，不相信依靠智力思考、或因為伶牙俐齒而給出的答案，它看重的是直接體驗和努力不懈。

這是兩人的第一次過招、第一場教導。慧能個子很小，而舂米的搗杵非常重，所以他在腰間綁了一塊大石頭來增加自己的重量。

北方，南方，所有人都有佛性。

慧能的意思是，在我們的煩惱底下，我們都是佛——慈悲覺醒的生命。禪就是去發覺存在我們心中的愛和慈悲，並且看見它也存在其他人心中。看見佛性存在於我們所有人的內心，這就是禪的本質。

雖然「禪」（Chan）這個字是中文，卻適用於所有人。每個人都可以回到當下，每個人都是平等的，每個人都同樣有機會學習禪法、並且了悟自己的佛性，不論是中國人、印度人、美國人，有錢沒錢或介於中間，都沒有差別。

「我愛你！」

無論什麼語言，意思都一樣。

瞎貓，死老鼠

我們的感官有產生想像、幻覺或錯覺的傾向。禪坐中，你聽到蟋蟀或螞蟻在草叢中爬行，或聽見遠處廚房裡的人在說話，一字一句清清楚楚；禪坐之後，你跑去廚房複述他們談話的內容，大家都驚訝的說不出話來。你怎麼可能聽到他們在說什麼？他們猜想，你一定有神通。

或者，你在打坐中，忽然知道屋內每一個人在想什麼，或是知道家裡的情形，或是知道明天會發生的事：你看到一個景象，吉米從樓梯上摔下來。結果，第二天發生什麼事？吉米真的從樓梯上摔了下來！於是你認為自己有超感知覺，有第六感。

你這個新發現的奇妙能力是怎麼回事？在禪坐時，你的心變得比較清明，感官也變得比較敏銳。

有一些學習禪坐的人，後來卻變成追求這種看似超自然的能力而無法自拔。他們的感官變得更敏銳，而且可以維持這種境界，他們有不可思議的洞察力或直覺，能夠預知未來或知道別人在想什麼。偶爾也有人說我有這種能力。

有一次，我的學生帶了一位氣功大師到我們的寺院，他以「第三眼」能力而知名。他仔細地審視我，然後告訴我的學生，從我的前額放出非常明亮的光。

「既然如此，為什麼晚上我走進黑暗的房間還是得開燈？」我問他。

還有一位氣功大師說，我必定擁有很高的智慧，因為他可以看到自我頭頂生出許多小蓮花。

「那我一定有臭頭。」我揶揄地說。

曾有一位學氣功的女士拿著她的念珠來請我加持，她的先生也是一個氣功大師。說真的，我不知道要如何加持念珠或其他任何東西，但這位女士看起來很有誠意，所以我想不妨一試，做點什麼讓她開心。她恭敬地問訊，於是我手持掛在她頸上的長念珠，持誦觀世音菩薩聖號，她立刻向後跳開一大步，起碼兩、三公尺遠，然後如一頭豹子般落地，擺出一個令人印象深刻的功夫架勢。

「哦，師父，」她用這個尊稱喊著，「你的氣太強了！」

我不由得噗哧笑了出來。

✳ ✳ ✳

俗話說，瞎貓碰上死老鼠。如果你被這種超自然現象所迷惑，到頭來只會愚弄自己。禪的目的不是要獲得超能力。

但是，如果不只是你，而是屋內所有人都經驗到超自然的現象呢？在我主持的禪期中，經常有人跟我反應，看到禪堂佛桌上的佛像眉間放出光芒。他們很恭敬的問那光是不是真的。

「把它當作如夢一般的虛幻吧。」我說，「如同《金剛經》中所說，凡所有相，皆是虛妄。一切現象都有如夢幻泡影。回到你的呼吸！」

他們問我，幻覺是不是魔製造出來的？佛教裡面的魔大致相當於西方宗教所說的撒旦或魔鬼。在人們快證悟之際，魔就會出現，企圖設下陷阱，誘使他們回到輪迴──無盡的生死循環──當中，佛陀自己就曾經歷過。

「別擔心，」我告訴我的學生們，「魔通常只會在大修行人面前出現，魔看到我們會說：『我才懶得理你呢！』」

若了解所有的魔都是從心而生，是有幫助的。它出於我們的貪、瞋、痴，出於欲望、貪愛和憤怒，這些特質可能和外在的某些東西、在我們之外的某個能量相應。我不想把它說得好像是電影「魔鬼剋星」（Ghostbusters），更可能的情形是，魔是從我們心中的某些事物所變現的。

＊　＊　＊

有一個故事，可以說明禪對超自然事物的看法：有一個僧人勤於打坐，每天從早坐到晚。在某次晚坐中，發生了奇怪的事，他看到一隻巨大的蜘蛛從屋頂慢慢下降，牠比一個大披薩還要大！咻—咻—咻—，牠順著黏滑的蜘蛛絲下來，距離他越來越近，同時還不停地打磨牠的爪牙。

他每晚打坐都會碰到同樣的情形，使他很不安，卻不知道該怎麼辦，最後終於決定向師父透露心事：「每天晚上當我打坐時，都會看到一隻蜘蛛精從屋頂落下，牠還一面磨利爪子和牙齒，好像準備把我吃掉！」

「你打算怎麼做？」師父問他。

「我要去找一把刀來，今晚看到蜘蛛的時候，我會假裝在打坐，因為每次我眼睛一睜開看著牠，牠就不見了，所以晚上我會假裝打坐，把刀子藏在背後，等蜘蛛靠近，我就從牠肚子上刺下去，把牠殺掉。」

「不要用刀。」師父說，並且給他一枝毛筆。

「這是一枝神奇的毛筆，」師父告訴他，「還有，這是一罐神奇的墨水，等蜘蛛出現時，你假裝在打坐，然後拿出毛筆在蜘蛛的肚子上畫個圓圈，牠就會消失了。」

那一夜，僧人按照師父的建議，假裝打坐，沒多久，就聽到蜘蛛下降的聲音，咻─咻─咻─，他感覺到蜘蛛靠近了，於是往上瞥了一眼便揮出毛筆，蜘蛛就在眼前，他很快的在牠肚子上畫了個圓圈，蜘蛛立刻消失。

第二天早上，僧人很高興地去見師父。

「情形如何？」師父問。

「正如您所說的，我假裝打坐，等蜘蛛出現時，我拿出您給我的毛筆，很快在牠肚子上畫了個圓圈，然後牠就不見了。」

「過來。」師父說。

僧人走上前，師父把自己的上衣拉起來，在他的肚子上有一圈墨跡。僧人呆住了，接著師父把他的上衣也撩起來，在僧人的肚皮上，也有一個圓圈。

「看來，我們抓到兩隻大蜘蛛！」師父說，「我真高興你沒有拿刀戮我的肚子。」

✳ ✳ ✳

這個故事告訴我們什麼？當有奇怪的現象出現時，不要分心，不要讓它們佔據或控制了你的心思，把它放下，仍然不斷地回到當下和你的呼吸。真實發生的才是當下，其餘的都是幻覺。放鬆，呼吸，不要去注意蜘蛛磨利爪牙，不要做一隻碰上死老鼠的瞎貓。

睡佛

你若持續禪坐，就會發現自己睡眠減少。我在禪期中通常每天只睡大約四個小時，這樣就足夠了，白天也不會覺得累。為什麼？因為心沒有一直被妄想雜念弄得疲憊不堪，身體自然能夠得到充分休息。

這種跳躍式的心理活動會耗盡我們的能量。當心一直徘徊在過去和未來、執取和抗拒、評價和分別對待、以及追求快樂和避免痛苦之間，並嘗試說服自己，無常不存在、自己將永遠活在舒適和榮耀中，那會產生什麼情形？你說呢？

基本上你在消耗能量，所有神經細胞不斷地放電，上下來回多方傳遞訊息。許多念頭伴隨著身體的反應，有些很微細，有些則未必，於是身體緊繃。所有這一切都會消耗能量，你如果經常打坐，就能很容易察覺。知覺活動對身體所造成的結果是顯而易見的，之所以付出這樣的代價，是因為我們總是想達到心理平衡，試圖恢復和諧、解決衝突、並且擺平所有的事情。

若你能夠以正確的方式打坐，身體將可以比睡覺時更為放鬆。作夢可能會讓人覺得很累，或者因較短的快速動眼期（REM）和身體緊繃的結果，使得睡眠本身有淺有深。

有一些已成就的修行人不躺下來睡覺，打坐就足以維持體力。隨著你的修行繼續深入，所需的睡眠也越來越少，到了某種程度，只需要打坐就夠了，你覺得似乎完全不需要睡覺。但這應該是自然的發展，有些人嘗試這樣的修行，但並不適合這種方式，結果反而傷到脊椎。

隨著你禪坐而減少睡眠時，睡眠品質也會改善，能夠睡得更熟，睡覺時也會覺得更平靜安穩，甚至能夠在睡眠中禪修，稱為「睡眠瑜伽」。

這是將你的覺察力帶入睡眠。舉例來說，有一次我在紐約 Pine Bush 的禪修中心跟隨聖嚴師父打禪七，有一天晚坐結束後，我回到房間躺在床上，保持吉祥臥的姿勢，這在南傳佛教很常見，是臥佛的姿勢。我面朝右側臥，雙腿交疊而稍微錯開，這個姿勢有助於睡眠，因為若向左側臥會壓迫到心臟，仰臥則會壓迫脊椎。如果你睡覺會打呼，這個姿勢能夠降低鼾聲。

我躺下之後，放鬆身體，開始數呼吸：1，2……，然後，3。但是我覺得有點奇怪，於是看了一下時鐘：就在我數2和3之間，已過去五小時！

五個小時就這樣一眨眼過去，那和平日心靈昏昧的睡眠不同，我的心清楚明晰，彷彿仍在打坐。我從晚上大約十點半睡到凌晨三點半；四點鐘，走廊傳來打板聲，「鐸！鐸！」告訴大家該起床了。

那天，我告訴聖嚴師父這個體驗，他只是笑一笑。

「你睡了一個好覺啊！」他說。

真愛

我們的愛，大多是佔有性的，都是出於自我，那不是真愛，那是自我愛。當你被某個人吸引時，那種感覺和對方無關；我們喜歡一個人，是因為當他／她在身邊時，心裡覺得很美好，這只是我們自己的感覺，卻導致我們想擁有對方，而事實上，我們真正想要的是那個美好的感覺，不是那個人！這是很重要的差別。

如果愛只和自我有關，這段感情是不會持久的，或許你會覺得沒意思、無聊了，最初的熱戀逐漸消退。當對方無法再給你那種美好的感覺時，你會怎樣？你會換個伴侶。

如果我們能夠以友誼和慈悲為基礎展開一段感情，愛就能得以發展，給予你親切溫柔的感受。當我們真正敞開心胸，就能夠真心擁抱他人、調整自己，能夠更體諒並且更寬容。這樣的愛是一種仁慈的展現，它不只是關心、保護和付出，其中也包含了寬恕與接納，接納對方的一切，你看到他們的長處與弱點。只要放鬆，你就能打開心扉接受他們。

這就是真愛。

五、禪，是什麼？

禪，是什麼？
禪是充滿智慧與慈悲的快樂生活。
學習禪，也就是學習快樂，學著過快樂的生活。
什麼是智慧與慈悲？
我沒辦法告訴你。
你必須自己去體會。

開悟找上門

體驗到解脫，即體驗到禪。

解脫來自何處？它來自將那杯子洗乾淨，不被無明、欲求、貪婪和瞋恨的煩惱所束縛。如此，我們就能從傷害人的言行舉止中得到解脫。

解脫也來自於定境。如同大象踏著穩定的步伐，清楚、安詳而平穩的心。

證得智慧即解脫。對佛教徒而言，是從輪迴、無止盡的生死循環中解脫。

✳　✳　✳

從禪的觀點來看，佛性本自具足，禪不過是打開心胸的一個方法。我們有時將內在的佛性比喻為摩尼珠，因為佛陀的名字是釋迦牟尼。摩尼的意思是「珍貴之珠」，我們有時也稱它為如意寶珠。當心胸開放時，佛性的寶珠就會顯現。

這就是為什麼我們可以將解脫想成是無願、無作、無修。無願的意思是不去作意發願，在這裡意味著不求取、不嚮往、沒有要達到什麼，你就是願、願就是你，它已內化成為你的自性。然而在佛教中，我們發願修行、度眾生、持戒，這些願非常重要，給了我們動機和方向。而解脫，就像回家一樣，無須動機和方向；回到了家，你放鬆休息，徹底做自己，安詳平靜。

當你見到真正的自性，佛性就已經在那裡了，不需要再增加或除去任何東西，不需要修行，不需要發願或發心。你反覆地嘗試，但事實上，你所尋找的一切，自始至終就在你眼前！只是你還不明白它就在那裡。

古代一位修行人在清晨起床時，鼻頭不小心撞到了門框，因為突如其來的劇痛，使他不覺失聲大叫：「哇！原來鼻子是向下長的！」當下，他開悟了。

試著不要去解讀它，也請不要想：「我已經是佛了，哪裡還需要修行？」於是任意而為。我們稱做出這種行為的人為狂佛、無明佛、貪心佛、睡著的佛、未開悟的佛，換言之，就是眾生。眾生是未開悟的佛，佛是已開悟的眾生。

佛教經典和後世著作一般都著重於開悟的那一刻，而非在那一刻之前漫長而勤苦的修行過程。我們很少看到記載開悟的祖師在修行上所下的工夫。

我經常被問到，禪師開悟之後依然修行嗎？如果你開悟了，我會給你如下的指導：像你開悟之前那樣子修行。當你開悟時，一切都變得清晰，然後一切又再度變晦暗。

開悟之前和之後，有不同階段的修行；開悟也有不同層次，有迷你型的開悟、大悟、或甚至徹悟。開悟可能發生在任何時刻，也可能都不會發生，誰也無法保證。

虛雲老和尚精進修行了許多年，卻毫無體驗，一點見性的消息也沒有。他在中國四處遊歷，五十六歲那年，某日他正在喝茶，滾燙的茶水濺在手上，他手一鬆，茶杯掉在地上摔成碎片，在那當下，他開悟了。他寫下一首優美的偈子紀念此事：杯子撲落地，響聲明歷歷。虛空粉碎也，狂心當下歇。

另一位偉大的禪師，趙州，八十四歲時仍在行腳。弟子請他指點修行，趙州問：「你吃過早餐了嗎？」

「還沒有。」弟子說。

「那就去吃早餐吧。」趙州回答。

另一位弟子前來問趙州：「師父，您如何修行？」

「你吃過早餐了嗎？」

「吃過了。」弟子說。

「洗好碗了嗎？」

「還沒有。」

「去洗碗吧。」趙州說。

另一位弟子來找趙州。

「你吃過早餐了嗎？」

「吃過了。」弟子回答。

「碗洗了嗎？」

「洗好了。」

「那就喝茶去吧。」

＊ ＊ ＊

在談到禪的開悟時，可以用水壩為比喻。水壩後面積蓄著水，如果水壩不高，很快就會積滿水，但如果它是一個大壩，就可能要花很長時間來蓄水。當水壩積滿水，開閘的那一刻，水勢沛然湧出，能夠產生巨大的能量。

開悟就像這樣。有時我們很快的有一些見性的體驗，或淺或深、或這或那的，別去管它，不用傷腦筋去想不同的定境或開悟的層次，繼續修行就是了，其實這樣就是開悟。禪師們可能會一次又一次的體驗悟境，有一位禪師說他大悟三十次、小悟不計其數，所以並不是開悟之後就一了百了。濃霧散開，你見到山頂，那是你的目標；霧又再度聚攏，你繼續前行。你非常篤定，因為即使在這樣的霧中，你仍然清楚地看見道路。你繼續旅程。

就此而言，禪和佛教的其他修行法門不同。佛教其他宗派說，只管繼續在霧中行走，你有信心最終會走到山上，即使你還沒看到它，但終究會到那裡。而禪，在霧散的一瞬間，它讓你乍然一瞥光燦的山頂；之後你仍然必須繼續前行，登上那座山。

人們以為開悟之後就成佛了，大功告成。如果是這樣就好囉！

我們如何辨別是否開悟？師父何時會考驗弟子？難道是等弟子說，我準備好了，你現在可以考驗我了？不會的，通常師父會在弟子最意想不到的情況下考驗他，此時他的心境最自然，處於本然的狀態。在那些時刻裡，星火足以燎原。

禪師不會說：「我有一種快開悟的感覺，開悟已近了。」沒這回事！所有的禪師都是在他們最沒有預期到的情況下開悟的。

禪師不會想到開悟，他們只會想到修行，修行再修行，因此他們從不期待開悟；而那時，開悟不期而至。如果你只是不斷地修行，不去執取開悟或躲避它，開悟自會找上門來。

所有的禪師都只想著修行，沒有想到開悟，於是他們開悟了。

沒有一個禪師是事先想好要當禪師的，於是他們成為禪師。

紅薯

如同出家戒律裡面所記載的，有一天，弟子們請示佛陀如何打掃廁所。

「佛陀，我們看到馬桶裡面有小昆蟲，我們該怎麼做呢？」

「清掃馬桶。」佛陀回答。

於是弟子們回去開始打掃，但是馬桶有些地方還是有昆蟲。

「佛陀，當我們清潔馬桶時，那些昆蟲不走開，我們該怎麼辦？」

「清掃馬桶。」佛陀說。

弟子們又回去打掃，這次他們無法避免的傷害到一些昆蟲。

他們又去找佛陀。

「有些昆蟲死掉了，怎麼辦？」

「清掃馬桶。」

✳　✳　✳

大乘佛教一向著重於發心和動機，重點是行為背後的精神。你在打掃廁所時，若是你的戒律告訴你不可以殺蟑螂，但是你心裡很想除掉牠們，那就不是健康的心態了。

來假設一個情況：

一個美好的夏日午後，你在樹下平靜打坐，一隻兔子橫衝直撞地跑過來，牠回頭看了你一眼，然後跑進左側的樹林中。

沒多久，獵人出現。

「你有沒有看到一隻兔子？」獵人問，「牠往哪邊跑了？」

你會怎麼回答？

如果你是一個出家人，就會處於兩難；你的戒律不允許你殺生，但同時也不允許你說謊。如果你說實話，告訴他「左邊」，那隻兔子可能會被殺。如果你保持沉默，兔子有一半的活命機會；當然，如果獵人抓到兔子殺了牠，到底你是否有責任仍有待商榷，畢竟，消極的默許不能當作藉口。如果你說謊，告訴獵人「右邊」，就犯了不妄語戒。你也必須考慮到獵人或許有家庭，如果他抓不到兔子，全家今晚就要挨餓了，他們需要食物。怎麼做才好呢？

禪的精神是，請獵人坐下來喝杯茶，跟他聊聊他的生活和家庭，他有沒有小孩？有幾個？家住得遠嗎？他的父母是否健在？你們開心地閒談，等他準備上路繼續狩獵時，送他一顆紅薯。

與生俱來的權利

一旦我們的生活失調，就會感到緊張和壓力，失去平衡，導致衝突矛盾，這就是 duhkha。這個字是佛教的核心概念，通常被翻譯為「苦」。

事實上，duhkha 有許多不同層次的意思，基本上，它不過是指「不協調」。佛陀說 duhkha 有如輪子脫軸，無法繞著車軸旋轉，轉動時就會吱吱嘎嘎地抱怨。在我們的生活中也一樣，當我們覺得失調時——不管是生理或心理失調，或是身心失調，或者是自己跟他人、跟這個世界無法調和——就會感到不和諧。

duhkha 也有「陷入」的意思。有時候我們陷入自己的情緒，或陷入一種看似無可救藥的情境、或無法自拔的感情裡，我們不知所措，慌亂無助。

所有這些情況使我們覺得生活走調，這樣的狀況也像是被隔絕或疏離，我們站錯位置，格格不入，諸事不順。禪要處理的正是這種糾結的處境。禪是要讓人自由、不被束縛，當然這個自由的意思不是放棄社會責任或義務，禪的自由是如魚得水般的自由。生命的旅程中或許會有障礙，但是我們可以從容優雅地繞過去，我們有先見之明的智慧可以避開它，也有宏觀的視野看清楚我們的目的地。

《金光明經．空品》裡面有一個四條蛇的故事。有一個人跌入深井，井底有兩條深色和兩條淺色的毒蛇，等著吞噬此人。那人為了逃命，很快地攀上井繩，避開了毒蛇，卻發現有老鼠在囓食繩子。他繼續往上爬時，看到井壁上有一個蜂窩，想要一嚐蜂蜜的欲望使他分心，忘卻了毒蛇和老鼠，而明知蜜蜂可能會螫他，卻仍然伸出手想要取蜜……。

這四條毒蛇象徵著人的四大元素，淺色的蛇是水和風，深色的是地和火，而老鼠代表無常。我們就是這樣在過生活：取用蜂蜜，被蜂螫，完全將老鼠和蛇拋在腦後。

佛法談到苦的原因，包括出生時會吃點苦頭，年老時會感受到疼痛，當我們生病、死亡、以及因為在意的人死去而悲傷時，都是如此的痛苦；還有，在得不到我們所想要的人事物時，以及一旦得到又想緊抓不放時，都是苦。

佛教有很微妙的修行機制以及哲理的洞見來對治苦，但是這些方式大多適用於出家人；他們住在僧團，過著冥想修行而受保護的生活，但是那些生活在世間、有家有工作的多數人該怎麼辦呢？我想為他們重新勾勒所謂的苦，使它看起來比較不像佛教平常所談的那樣，是個根本而普遍的問題。佛教強調苦，有時會壓得人喘不過氣來，但我堅決認為，就像先前曾經提過的，佛法是關於解脫自在，佛陀強調的重點是生活。

duhkha 使我們無法盡情地感受生命，使我們失去活力以及生活的樂趣，而這些，是我們與生俱來的權利。

我們該怎麼做呢？我們要從妄想雜念中放鬆身心，不要捲入會產生傷害的衝動和情緒當中。我們越能夠放鬆，心就越能夠得到休息，身心便可以安住於當下。

海洋之味

禪，不是那種被稱為「佛學」的制式教法。在這裡，佛學是指研究佛教專有名詞、研讀典籍。禪的教法被稱為「心法」——心的教法。禪是對我們所愛的人敞開心胸，進而推及全世界。

中文有一句諺語，「己所不欲，勿施於人」，和西方人的金科玉律「If you do not wish it to happen to you, do not do it to others.」意思相近。東、西方人士對於人際間的相處之道看法一致，這不是很妙嗎？

在西方，這項重要原則是道德行為的基礎，遵循它，將有助於人們和平融洽地共同生活。不過禪不僅止於此，從禪的觀點來看，你我之間、以及我們和他們之間，是沒有分別的，我們都一樣。事實上，在我們所有一切和整個宇宙之間的相互關連，並非純為猜測或只是理論，它是可以被驗證的，它存在於我們的每一口呼吸，存在於這個大地上所分享的每一刻當中。

這可以用禪的 sagara mudra 來形容，也就是所謂的海印三昧，是定慧等持的大乘禪法。一切都流向大海，海洋廣納萬物，大至鯨魚、小至蝦子。通常我們認為海浪和海水是兩回事，大浪看不起小浪，小浪在大浪面前抬不起頭來，但是當海洋平靜無波時，浪的大小差別又在哪裡？

我們都有同樣的佛性，所有的教法也都相同，它們猶如海洋，嚐起來是同一味，鹽的味道。

體驗到禪，就是了悟到自己的快樂依存於他人的快樂。有句話說：十方諸佛同一鼻孔出氣。我們一起呼吸著相同的空氣。

這種想法，很中國，如同家庭的緊密感，以及社會各階層之間強大的連結。但是禪去除了儒家思想中所重視的階級，我們都是平等的，我們不只是以希望他人對待自己的方式去對待別人，我們就是他人，之間沒有不同，不能分割。

這是我們稱之為四無量心背後的深刻洞見，是禪法中我們所期望的待人之道。四無量心中的第一個是metta，慈：真誠地希望你和我一樣得到安樂。第二個是karuna，悲：解除痛苦；當我見你受苦，我將使你得到安樂。第三個是mudita，喜：你的快樂就是我的喜悅，其中不含嫉妒，無怨無悔，我們隨喜彼此的功德。第四個是upeksha，捨：不執著；我為你解除痛苦，但是我並不認為自己比較優越，這是平等心的特質。

✳ ✳ ✳

禪的美好，在於徹見事物，全然體會，並與之合而為一。

＊ ＊ ＊

我們說禪是疏懶的修行，在禪裡面你是疏懶的。為什麼？因為你一直和方法待在一起，沒有跑去找妄想和雜念，也沒有跑到過去或未來。念頭說：「來來來，出來玩啊！」而你回答：「不，謝了，我懶得去！」

＊ ＊ ＊

Chan，Zen，Son，Thien 是四兄弟。

Chan，是中文的「禪」；Zen 是日文；Son，韓語；Thien，越南話。

Chan 是大哥。

Chan，衍生自梵文的 dhyana ——冥想狀態，但並非定境，而是和智慧有關。Zen、Son、Thien 則是 Chan 的不同語言的翻版。

在禪門，你會發現禪師們研讀、教導並融合佛教其他宗派的內容，但是本質上他們仍然是禪師。漢傳佛教的所有宗派都禪修，所以處處可見禪的精神。

禪宗是大乘佛教的一個宗派，禪門的修行人因慈悲而發心，或稱為菩提心。大乘的發願是度盡一切眾生，以他人為優先考量，置於自己之前。

這是流傳於亞洲的北傳佛教，傳到南方的則是南傳佛教，一般而言，弘傳於泰國、寮國、緬甸、柬埔寨和斯里蘭卡。而新加坡、馬來西亞、印尼以及菲律賓的佛教，則融合了大乘和南傳的傳統。世界上其他地區，包括美國，都可以看到南傳和大乘的融合。

＊　＊　＊

菩提達摩被認為是禪宗初祖，有關他的傳說很多，其中一個說法是他曾是波斯的王子。根據大多數的資料來源顯示，他在南北朝時期來到中國，弘揚「不立文字，教外別傳」的禪法。對於是否真有這樣一個人、或只是民間傳說將不同人物的故事拼湊而成，學者看法不一。

我對菩提達摩的修行工夫很有感觸。根據禪宗的傳說，他曾在山洞裡打坐九年。他也是個旅人，來到一個遙遠的國度，一切事物對他而言都是新奇而陌生的。我也曾有過這樣的經驗，還不只一次。菩提達摩在山洞裡默默打坐，耐心地等候有人能夠傳承他的教法。

而對六祖慧能，我有一種很特別的感覺。他是一介平民，以砍柴為生，五祖弘忍教去他舂米，那就是他的修行。

後來弘忍不僅印證了他的悟境，也傳法給他，並交付衣缽做為傳法信物，同時囑咐他在半夜悄悄離開，因為他知道其他弟子必定會心生嫉妒，有可能不只從他手中奪走衣缽，甚至可能會傷害他。

於是慧能半夜離去，潛入深山，和一群獵人住在一起。

我特別喜歡六祖慧能的是，他的教法如此直接、如此務實。他有著中國人的耐性與純厚，極為平實；他沉靜少言，卻為禪注入了獨特的中國聲音。他的教法具有適應性和包容性，能夠廣納一切，一般人都能用上手，因為它的重點是——生活。

每思及此，我彷彿能看到他的身影，砍柴舂米。

我的第一位師父

所有事物都有兩面，好與壞、容易和困難、愉悅和痛苦。禪也有兩面，禪師會用香板打你，時而動拳，時而喝斥，有時真的讓人吃不消。他們為何如此？他們是在考驗你，考驗你的決心和努力。

我的剃度恩師松年長老就曾經這樣訓練我。在我出家後，他座下的女眾出家弟子都忍不住偷笑，現在我是弟子中最年輕的一個，自然得去當他的侍者，她們再也不用承擔這可怕的工作了。

在成為出家人後，我問松年師父：「我什麼時候可以有僧服？」

他說：「那是你的事，跟我無關，自己想辦法吧！」

松年師父傳承禪宗法脈，但他並未教禪。一九四九年共產黨掌權後，因為出身書香門第，留在那裡可能性命難保，因此他從中國大陸逃到新加坡。

他出生時，不動也沒有呼吸；他的母親不想管他，便將他交給他的一個姐姐去帶。他體弱多病卻早熟，十六歲就進入大學。

我的執事是照顧好他。他身材高大壯碩，法相莊嚴，年輕時曾是武術高手，同時也是有名的書法家。武術和藝術的結合，讓他別具一種獨特而吸引人的魅力。此外，他也是個學者，不過學者通常不像他那樣體格強健而優雅。他有著長長的白眉毛，即使到了八十七歲，也就是我成為他弟子的那一年，他依然健步如飛，我得小跑步才跟得上。

到了晚年，他對我的脾氣出奇的大。每天早上從見到我開始，就不停地責罵、責罵、責罵，一直到晚上在我面前關上房門為止。

每一餐飯都是無止盡的抱怨，我幫他盛菜的份量怎麼樣都不對。有時他會埋怨他盤裡的食物裝得太滿。「你想把我撐死啊？」他會說，「那麼多菜，你是想讓我漲破肚子嗎？」

隔天我裝得比較少。

「果峻！」他嘶吼著，「你為什麼幫我拿這麼少？」

「師父！昨天您說我盛太多。」

「地獄種子！」他大聲咆哮，給了我這個新綽號，一面朝我揮舞著手指，如同在詛咒一般，「今天我比較有力氣，我餓了，我需要多一點食物！」

早餐是糙米飯和五穀八寶粥，從來就沒有對過，不是太稠就是太稀。因為他年紀大了，牙齒不好，嚼不動，所以粥不能太稠，也不能不夠爛；但如果太稀，他的手指就會在我面前揮舞，喊著：「地獄種子！你這是煮湯啊？」

我們吃飯時，我必須剛好在他用完餐之後的下一秒鐘吃完。如果我在他之前吃完，他會罵我：「你吃那麼快做什麼，你在催我？」如果我在他之後才吃完，又會被罵：「果峻，你怎麼那麼慢？老是要我等你！」

因為他很虛弱，所以我必須隨侍在側。如果我在幫忙他起身或走路時抓得太用力，他會吼我；如果我扶得太輕，他又會說我想讓他摔死。我必須走在他旁邊後面一點點的地方，他只要略微轉頭，我就必須在旁邊，不能靠太近也不能離太遠。我必須事先預期到所有他想做的事。

如果我走路太大聲，他會罵我吵到他。他會歪著頭說：「我是不是聽到有一匹馬在跑啊？」要不然就是說：「寺院裡面有大象嗎？」

如果我輕聲走路，他會說我像鬼，怪我偷偷摸摸的想嚇他，他會嚇出心臟病，「你從哪個鬼地方冒出來的？」他叫著，「這麼小聲，像條蛇一樣。」

他有一種習慣，會帶著嘲弄的神情盯著我看，「果峻，從上次見到你以後，你看起來又老了一點哦！」也不管那個「上次」可能才不過是兩分鐘前的事。「你為什麼老了那麼多？」他用一種嘲諷的語調對我說。他是在教我無常的道理嗎？我一直不知道。「果峻，你為什麼看起來那麼老？你為什麼變老了？」

在他動過膽結石手術之後，我必須睡在他房間外面。我說我可以睡在他床邊的地板上，他才不聽呢！「我有寶物藏在床下，」他大吼，「你是賊，會把它們偷走！」他的床邊有個按鈕，當他要上廁所時，就會按鈴叫我，只要我慢一秒鐘，他就會尿床，我就有頓好罵了。因為他只能坐在輪椅上，我得幫他沖洗清理屎尿。或許他是在教我，要成為修行人，先要學會服務他人。

當時他的膽結石需要動緊急手術，但他不肯上醫院，我只好把他扛上肩，揹著他去找醫生。當我帶他到了醫院，他不停地斥責我。

「地獄種子！你就是想害死我！」

在我去台灣讀書之前，他把我叫進房間，床上有一些紅包袋。

「這些是我對你的祝福。」他說，「這些都給你。」

我打開紅包，數了一下裡面的錢，夠買一張機票到台灣，單程的。直到今天我都覺得他事先挑過那些紅包袋，拿走了其中的大額鈔票。仁慈不是他的作風，他讓我覺得自己像個被領養的孩子，這就是中國人的方式。

他訓練我觀照和精確。回顧過往，我了解到他是為我在韓國的修行做準備。

我從他身上學到絕不說「我不知道該怎麼做」。

「地獄種子！你有時間說不知道該怎麼做，就不會用這時間去學啊！」

有時我會故意惹他生氣，藉這種消極攻勢表示我在嘔氣，或者純粹為了好玩故意惹他發火。在我整理好他的桌子之後，我會把他的茶杯放在和原位稍稍不同的地方；身為書法家，他有著驚人的準確度，我若表現得不夠精準，就會把他惹毛。「茶杯要放在這裡，不是那裡。」他喊著，然後把茶杯移動個一公分，「我不教你了，以後讓你的弟子去教你吧！」

我有自己的一道咒語：「最早／最晚，最多／最少，最先／最後。」我總是最早起床，最晚睡覺；做最多，吃最少；最先受責備，最後受誇獎。

松年師父常常喜歡說那個風和幡的公案：

有兩個出家人看到風中飄揚的幡而起了爭執，一個說是幡在動，另一個則說是風在動。是風動？還是幡動？在一旁的慧能聽到，「不是風動，也不是幡動，」他說，「是你的心在動。」

松年師父很少笑，但反覆講述這個故事，似乎帶給他不少樂趣。

做早課時，如果我打法器出錯，早課結束後，他會誇張地四處張望，翻看佛桌下面。

「師父，你在做什麼？」我問他。

「找那些漏掉的板眼啊，你有沒有看到它們？」

他也會用詩來責備我：

我本將心照明月，奈何明月照溝渠。

我是他收的最後一個弟子。似乎我總是做師父們的最後一個弟子，或許是我前世太頑皮了，所以我的業力使我總是在師父們晚年時分，才有因緣跟他們學習。

吃苦耐勞是很重要的。禪的基本概念是，珍貴而值得珍惜的事物，都來之不易。有一點壓力是好的，這樣比較健康。苦痛是成長過程中避免不了的一部分，也是心靈發展所必須的。

有句老話：如果弟子罵也罵不跑、打也打不走、趕也趕不跑，那就可以開始教了。

在我出發去台灣之前，松年師父坐在輪椅上祝福我。我不想離開他，我不想離去。他口持咒語，一面結手印，喃喃自語。他將雙手放在我頭上，低吟：「一缽千家飯，孤僧萬里遊。一星期後見啦！」我想他一定是說錯了吧！除了膽結石以外，松年師父曾兩度中風，並且發作過幾次嚴重的心臟病，但他拒絕服用心血管藥物。他的心臟科醫師比他年輕，卻已先他而去，他確實是個硬漢。

我向他道別，飛往台灣，三天後，接到他往生的消息。我花了四天才處理好機票的事，回到新加坡，剛好是和他道別後的一星期。新加坡總統和一些政府官員都出席了他的告別式。松年師父圓寂後七年，我才建了他的舍利塔。

在他往生後，我就讀台灣的佛學院，有時會執掌在晚課後、關上三門前的叩鐘。銅鐘懸掛於座落在山丘頂上的大殿內，每天清晨叩鐘一〇八下，喚醒眾人，精進修行；夜裡，再叩一〇八下。

鐘聲之間，我吟唱著〈叩鐘偈〉，其中有一句：浪子孤商，早還鄉井。唱誦時，我的心，貼近著所有跟我一樣浪跡天涯、離家的遊子。渾厚的鐘聲在山丘上繚繞，緩緩融入暮色中，讓我想起松年師父的臨別贈言。沒有想到，有一天我會回到他的寺院「菩提閣」接任方丈。

起初我並不想回去，但總有人說，松年長老的運氣不好，因為他沒有好徒弟，他的寺院終將沒落，將來也不會有人緬懷他，彷彿他不曾出現在這世間。中國人重視飲水思源，所以最後我還是決定回去，不僅是荷擔如來家業、報四重恩，也是光耀祖庭、承先啟後。因為我是華人，而這些也是中國禪的精神和特色。

致謝詞

每次禪期結束後，總有人問我是否有著作，他們希望能夠繼續閱讀學習。過去我的回覆都是「沒有」，現在總算有不同答案了。

本書翻譯自英文版《*Essential Chan Buddhism: The Character and Spirit of Chinese Zen*》，該書源於我在二〇〇七年前往印尼弘法，並在接下來的幾年中，於二〇〇八、二〇〇九、二〇一〇年前去帶領禪期。

我在印尼的學生非常認真熱心，也很客氣，二〇一〇年他們請我出書，我說出書太麻煩，而且我很忙，無暇顧及此事。禪期過後一陣子，我收到一封e-mail，在他們禪修團體中的六位義工將我在禪期裡面的開示謄錄下來，密密麻麻總共兩百四十頁（我猜我說太多話了）。我感動地流下淚來，也感到很高興。

這些聽寫稿是在居住於日惹（Jogjakarta）的 Agus Santoso 指導下完成，我是在紐約 Pine Bush 聖嚴師父的禪修中心認識他的。Agus 建議我連絡 Kenneth Wapner ——聖嚴師父的英文自傳《雪中足跡》（*Footprints in the Snow: The Autobiography of a Chinese Buddhist Monk*，中文版由本事文化發行）就是出自他的策劃和編輯——或許可以請他看一下這些聽寫稿是否可能改寫成書。本書於焉而生。事情總是在你最沒有預期到的情況下發生。

謹以本書獻給在印尼所有曾經提供協助的人。Buntario Tigris 和 Selamat Tigris 兩兄弟是建立印尼禪修中心的幕後功臣，它位於雅加達郊外一處優美的山林小丘上。

我也深深感謝 Djemi Lim、Wiratna Sari Wiguna、Johanes Sungarda、

Yuliana Yang、Eric Hermanto、Hanley Tarsat。如果沒有他們的付出，以及一開始對這個出版計畫的信念，就不可能有這本書。

我也要感謝位於雅加達的廣化一乘禪寺（Ekayana Buddhist Center），他們是最早邀請我到當地巡迴弘法的團體，感謝聖慈尊者（Bhante Aryamaitri）和法淨尊者（Bhante Dharmavimala）。

此外，Monkfish Book Publishing 的 Paul Cohen 將本書的英文版帶給西方讀者。我知道聖嚴師父一定會感到很欣慰。

能夠有中文版問世，也要歸功於我的英文編輯 Kenneth，他覺得如果華人不能看到這本書，那就太可惜了，於是幫忙聯繫在亞洲的出版事宜，我也很感謝橡樹林出版社願意出版本書。在翻譯期間，我的健康狀況不是很好，眼睛也因為視網膜剝離動了手術，一方面又忙於籌建寺院，確實分身乏術，感謝常超法師、沈麗文（我的禪修學生）和小敏的協助，使本書得以順利完成。

我可以繼續感謝下去，不過最好還是就此打住。祝福大家平安！

——釋果峻

二〇一五年寫於台灣法鼓山自覺營期間

橡樹林文化 ❖❖ 衆生系列 ❖❖ 書目

JP0001	大寶法王傳奇	何謹◎著	200 元
JP0002X	當和尚遇到鑽石（增訂版）	麥可・羅區格西◎著	360 元
JP0003X	尋找上師	陳念萱◎著	200 元
JP0004	祈福 DIY	蔡春娉◎著	250 元
JP0006	遇見巴伽活佛	溫普林◎著	280 元
JP0009	當吉他手遇見禪	菲利浦・利夫・須藤◎著	220 元
JP0010	當牛仔褲遇見佛陀	蘇密・隆敦◎著	250 元
JP0011	心念的賽局	約瑟夫・帕蘭特◎著	250 元
JP0012	佛陀的女兒	艾美・史密特◎著	220 元
JP0013	師父笑呵呵	麻生佳花◎著	220 元
JP0014	菜鳥沙彌變高僧	盛宗永興◎著	220 元
JP0015	不要綁架自己	雪倫・薩爾茲堡◎著	240 元
JP0016	佛法帶著走	佛朗茲・梅蓋弗◎著	220 元
JP0018C	西藏心瑜伽	麥可・羅區格西◎著	250 元
JP0019	五智喇嘛彌伴傳奇	亞歷珊卓・大衛一尼爾◎著	280 元
JP0020	禪　兩刃相交	林谷芳◎著	260 元
JP0021	正念瑜伽	法蘭克・裘德・巴奇歐◎著	399 元
JP0022	原諒的禪修	傑克・康菲爾德◎著	250 元
JP0023	佛經語言初探	竺家寧◎著	280 元
JP0024	達賴喇嘛禪思 365	達賴喇嘛◎著	330 元
JP0025	佛教一本通	蓋瑞・賈許◎著	499 元
JP0026	星際大戰・佛部曲	馬修・波特林◎著	250 元
JP0027	全然接受這樣的我	塔拉・布萊克◎著	330 元
JP0028	寫給媽媽的佛法書	莎拉・娜塔莉◎著	300 元
JP0029	史上最大佛教護法一阿育王傳	德千汪莫◎著	230 元
JP0030	我想知道什麼是佛法	圖丹・卻淮◎著	280 元
JP0031	優雅的離去	蘇希拉・布萊克曼◎著	240 元
JP0032	另一種關係	滿亞法師◎著	250 元
JP0033	當禪師變成企業主	馬可・雷瑟◎著	320 元

JP0034	智慧 81	偉恩・戴爾博士◎著	380 元
JP0035	覺悟之眼看起落人生	金菩提禪師◎著	260 元
JP0036	貓咪塔羅算自己	陳念萱◎著	520 元
JP0037	聲音的治療力量	詹姆斯・唐傑婁◎著	280 元
JP0038	手術刀與靈魂	艾倫・翰彌頓◎著	320 元
JP0039	作為上師的妻子	黛安娜・J・木克坡◎著	450 元
JP0040	狐狸與白兔道晚安之處	庫特・約斯特勒◎著	280 元
JP0041	從心靈到細胞的療癒	喬思・慧麗・赫克◎著	260 元
JP0042	27% 的獲利奇蹟	蓋瑞・賀許伯格◎著	320 元
JP0043	你用對專注力了嗎？	萊斯・斐米博士◎著	280 元
JP0044	我心是金佛	大行大禪師◎著	280 元
JP0045	當和尚遇到鑽石 2	麥可・羅區格西◎等著	280 元
JP0046	雪域求法記	邢肅芝（洛桑珍珠）◎口述	420 元
JP0047	你的心是否也住著一隻黑狗？	馬修・約翰史東◎著	260 元
JP0048	西藏禪修書	克莉絲蒂・麥娜麗喇嘛◎著	300 元
JP0049	西藏心瑜伽 2	克莉絲蒂・麥娜麗喇嘛◎等著	300 元
JP0050	創作，是心靈療癒的旅程	茱莉亞・卡麥隆◎著	350 元
JP0051	擁抱黑狗	馬修・約翰史東◎著	280 元
JP0052	還在找藉口嗎？	偉恩・戴爾博士◎著	320 元
JP0053	愛情的吸引力法則	艾莉兒・福特◎著	280 元
JP0054	幸福的雪域宅男	原人◎著	350 元
JP0055	貓馬麻	阿義◎著	350 元
JP0056	看不見的人	中沢新一◎著	300 元
JP0057	內觀瑜伽	莎拉・鮑爾斯◎著	380 元
JP0058	29 個禮物	卡蜜・沃克◎著	300 元
JP0059	花仙療癒占卜卡	張元貞◎著	799 元
JP0060	與靈共存	詹姆斯・范普拉◎著	300 元
JP0061	我的巧克力人生	吳佩容◎著	300 元
JP0062	這樣玩，讓孩子更專注、更靈性	蘇珊・凱瑟・葛凌蘭◎著	350 元
JP0063	達賴喇嘛送給父母的幸福教養書	安娜・芭蓓蔻爾・史蒂文・李斯◎著	280 元
JP0064	我還沒準備說再見	布蕾克・諾爾 & 帕蜜拉・D・布萊爾◎著	380 元
JP0065	記憶人人 hold 得住	喬許・佛爾◎著	360 元

JP0066	菩曼仁波切	林建成◎著	320 元
JP0067	下面那裡怎麼了？	莉莎・瑞金◎著	400 元
JP0068	極密聖境・仰桑貝瑪貴	邱常梵◎著	450 元
JP0069	停心	釋心道◎著	380 元
JP0070	聞盡	釋心道◎著	380 元
JP0071	如果你對現況感到倦怠……	威廉・懷克羅◎著	300 元
JP0072	希望之翼：倖存的奇蹟，以及雨林與我的故事	茱莉安・柯普科◎著	380 元
JP0073	我的人生療癒旅程	鄧嚴◎著	260 元
JP0074	因果，怎麼一回事？	釋見介◎著	240 元
JP0075	皮克斯動畫師之紙上動畫《羅摩衍那》	桑傑・帕特爾◎著	720 元
JP0076	寫，就對了！	茱莉亞・卡麥隆◎著	380 元
JP0077	願力的財富	釋心道◎著	380 元
JP0078	當佛陀走進酒吧	羅卓・林茲勒◎著	350 元
JP0079	人聲，奇蹟的治癒力	伊凡・德・布奧恩◎著	380 元
JP0080	當和尚遇到鑽石 3	麥可・羅區格西◎著	400 元
JP0081	AKASH 阿喀許靜心 100	AKASH 阿喀許◎著	400 元
JP0082	世上是不是有神仙：生命與疾病的真相	樊馨蔓◎著	300 元
JP0083	生命不僅僅如此—辟穀記（上）	樊馨蔓◎著	320 元
JP0084	生命可以如此—辟穀記（下）	樊馨蔓◎著	420 元
JP0085	讓情緒自由	茱迪斯・歐洛芙◎著	420 元
JP0086	別癌無恙	李九如◎著	360 元
JP0087	什麼樣的業力輪迴，造就現在的你	芭芭拉・馬丁＆狄米崔・莫瑞提斯◎著	420 元
JP0088	我也有聰明數學腦：15 堂課激發被隱藏的競爭力	盧采嫻◎著	280 元
JP0089	與動物朋友心傳心	羅西娜・瑪利亞・阿爾克蒂◎著	320 元
JP0090	法國清新舒壓著色畫 50：繽紛花園	伊莎貝爾・熱志－梅納＆紀絲蘭・史朵哈＆克萊兒・摩荷爾－法帝歐◎著	350 元
JP0091	法國清新舒壓著色畫 50：療癒曼陀羅	伊莎貝爾・熱志－梅納＆紀絲蘭・史朵哈＆克萊兒・摩荷爾－法帝歐◎著	350 元
JP0092	風是我的母親	熊心、茉莉・拉肯◎著	350 元
JP0093	法國清新舒壓著色畫 50：幸福懷舊	伊莎貝爾・熱志－梅納＆紀絲蘭・史朵哈＆克萊兒・摩荷爾－法帝歐◎著	350 元

JP0094	走過倉央嘉措的傳奇：尋訪六世達賴喇嘛的童年和晚年，解開情詩活佛的生死之謎	邱常梵◎著	450 元
JP0095	【當和尚遇到鑽石4】愛的業力法則：西藏的古老智慧，讓愛情心想事成	麥可・羅區格西◎著	450 元
JP0096	媽媽的公主病：活在母親陰影中的女兒，如何走出自我？	凱莉爾・麥克布萊德博士◎著	380 元
JP0097	法國清新舒壓著色畫 50：璀璨伊斯蘭	伊莎貝爾・熱志－梅納＆紀絲蘭・史朵哈＆克萊兒・摩荷爾－法帝歐◎著	350 元
JP0098	最美好的都在此刻：53 個創意、幽默、找回微笑生活的正念練習	珍・邱禪・貝斯◎著	350 元

橡樹林文化 ❖❖ 成就者傳紀系列 ❖❖ 書目

JS0001	惹瓊巴傳	堪千創古仁波切◎著	260 元
JS0002	曼達拉娃佛母傳	喇嘛卻南、桑傑・康卓◎英譯	350 元
JS0003	伊喜・措嘉佛母傳	嘉華・蔣秋、南開・寧波◎伏藏書錄	400 元
JS0004	無畏金剛智光：怙主敦珠仁波切的生平與傳奇	堪布才旺・董嘉仁波切◎著	400 元
JS0005	珍稀寶庫——薩迦總巴創派宗師貢嘎南嘉傳	嘉敦・強秋旺嘉◎著	350 元
JS0006	帝洛巴傳	堪千創古仁波切◎著	260 元
JS0007	南懷瑾的最後 100 天	王國平◎著	380 元
JS0008	偉大的不丹傳奇・五大伏藏王之一貝瑪林巴之生平與伏藏教法	貝瑪林巴◎取藏	450 元

橡樹林文化 ❖❖ 善知識系列 ❖❖ 書目

JB0001	狂喜之後	傑克．康菲爾德◎著	380 元
JB0002	抉擇未來	達賴喇嘛◎著	250 元
JB0003	佛性的遊戲	舒亞．達斯喇嘛◎著	300 元
JB0004	東方大日	邱陽．創巴仁波切◎著	300 元
JB0005	幸福的修煉	達賴喇嘛◎著	230 元
JB0006	與生命相約	一行禪師◎著	240 元
JB0007	森林中的法語	阿姜查◎著	320 元
JB0008	重讀釋迦牟尼	陳兵◎著	320 元
JB0009	你可以不生氣	一行禪師◎著	230 元
JB0010	禪修地圖	達賴喇嘛◎著	280 元
JB0011	你可以不怕死	一行禪師◎著	250 元
JB0012	平靜的第一堂課——觀呼吸	德寶法師 ◎著	260 元
JB0013	正念的奇蹟	一行禪師◎著	220 元
JB0014	觀照的奇蹟	一行禪師◎著	220 元
JB0015	阿姜查的禪修世界——戒	阿姜查◎著	220 元
JB0016	阿姜查的禪修世界——定	阿姜查◎著	250 元
JB0017	阿姜查的禪修世界——慧	阿姜查◎著	230 元
JB0018X	遠離四種執著	究給．企千仁波切◎著	280 元
JB0019	禪者的初心	鈴木俊隆◎著	220 元
JB0020X	心的導引	薩姜．米龐仁波切◎著	240 元
JB0021X	佛陀的聖弟子傳 1	向智長老◎著	240 元
JB0022	佛陀的聖弟子傳 2	向智長老◎著	200 元
JB0023	佛陀的聖弟子傳 3	向智長老◎著	200 元
JB0024	佛陀的聖弟子傳 4	向智長老◎著	260 元
JB0025	正念的四個練習	喜戒禪師◎著	260 元
JB0026	遇見藥師佛	堪千創古仁波切◎著	270 元
JB0027	見佛殺佛	一行禪師◎著	220 元
JB0028	無常	阿姜查◎著	220 元
JB0029	覺悟勇士	邱陽．創巴仁波切◎著	230 元

JB0030	正念之道	向智長老◎著	280 元
JB0031	師父——與阿姜查共處的歲月	保羅・布里特◎著	260 元
JB0032	統御你的世界	薩姜・米龐仁波切◎著	240 元
JB0033	親近釋迦牟尼佛	髻智比丘◎著	430 元
JB0034	藏傳佛教的第一堂課	卡盧仁波切◎著	300 元
JB0035	拙火之樂	圖敦・耶喜喇嘛◎著	280 元
JB0036	心與科學的交會	亞瑟・札炯克◎著	330 元
JB0037	你可以，愛	一行禪師◎著	220 元
JB0038	專注力	B・艾倫・華勒士◎著	250 元
JB0039	輪迴的故事	慈誠羅珠堪布◎著	270 元
JB0040	成佛的藍圖	堪千創古仁波切◎著	270 元
JB0041	事情並非總是如此	鈴木俊隆禪師◎著	240 元
JB0042	祈禱的力量	一行禪師◎著	250 元
JB0043	培養慈悲心	圖丹・卻准◎著	320 元
JB0044	當光亮照破黑暗	達賴喇嘛◎著	300 元
JB0045	覺照在當下	優婆夷　紀・那那蓉◎著	300 元
JB0046	大手印暨觀音儀軌修法	卡盧仁波切◎著	340 元
JB0047X	蔣貢康楚閉關手冊	蔣貢康楚羅卓泰耶◎著	260 元
JB0048	開始學習禪修	凱薩琳・麥唐諾◎著	300 元
JB0049	我可以這樣改變人生	堪布慈囊仁波切◎著	250 元
JB0050	不生氣的生活	W. 伐札梅諦◎著	250 元
JB0051	智慧明光：《心經》	堪布慈囊仁波切◎著	250 元
JB0052	一心走路	一行禪師◎著	280 元
JB0054	觀世音菩薩妙明教示	堪布慈囊仁波切◎著	350 元
JB0055	世界心精華寶	貝瑪仁增仁波切◎著	280 元
JB0056	到達心靈的彼岸	堪千・阿貝仁波切◎著	220 元
JB0057	慈心禪	慈濟瓦法師◎著	230 元
JB0058	慈悲與智見	達賴喇嘛◎著	320 元
JB0059	親愛的喇嘛梭巴	喇嘛梭巴仁波切◎著	320 元
JB0060	轉心	蔣康祖古仁波切◎著	260 元
JB0061	遇見上師之後	詹杜固仁波切◎著	320 元
JB0062	白話《菩提道次第廣論》	宗喀巴大師◎著	500 元

JB0063	離死之心	竹慶本樂仁波切◎著	400 元
JB0064	生命真正的力量	一行禪師◎著	280 元
JB0065	夢瑜伽與自然光的修習	南開諾布仁波切◎著	280 元
JB0066	實證佛教導論	呂真觀◎著	500 元
JB0067	最勇敢的女性菩薩——綠度母	堪布慈囊仁波切◎著	350 元
JB0068	建設淨土——《阿彌陀經》禪解	一行禪師◎著	240 元
JB0069	接觸大地—與佛陀的親密對話	一行禪師◎著	220 元
JB0070	安住於清淨自性中	達賴喇嘛◎著	480 元
JB0071/72	菩薩行的祕密【上下冊】	佛子希瓦拉◎著	799 元
JB0073	穿越六道輪迴之旅	德洛達娃多瑪◎著	280 元
JB0074	突破修道上的唯物	邱陽·創巴仁波切◎著	320 元
JB0075	生死的幻覺	白瑪格桑仁波切◎著	380 元
JB0076	如何修觀音	堪布慈囊仁波切◎著	260 元
JB0077	死亡的藝術	波卡仁波切◎著	250 元
JB0078	見之道	根松仁波切◎著	330 元
JB0079	彩虹丹青	祖古·烏金仁波切◎著	340 元
JB0080	我的極樂大願	卓千拉貢仁波切◎著	260 元
JB0081	再捻佛語妙花	祖古·烏金仁波切◎著	250 元
JB0082	進入禪定的第一堂課	德寶法師◎著	300 元
JB0083	藏傳密續的真相	圖敦·耶喜喇嘛◎著	300 元
JB0084	鮮活的覺性	堪千創古仁波切◎著	350 元
JB0085	本智光照	遍智　吉美林巴◎著	380 元
JB0086	普賢王如來祈願文	竹慶本樂仁波切◎著	320 元
JB0087	禪林風雨	果煜法師◎著	360 元
JB0088	不依執修之佛果	敦珠林巴◎著	320 元
JB0089	本智光照—功德寶藏論　密宗分講記	遍智　吉美林巴◎著	340 元
JB0090	三主要道論	堪布慈囊仁波切◎講解	280 元
JB0091	千手千眼觀音齋戒—紐涅的修持法	汪遷仁波切◎著	400 元
JB0092	回到家，我看見真心	一行禪師◎著	220 元
JB0093	愛對了	一行禪師◎著	260 元
JB0094	追求幸福的開始：薩迦法王教你如何修行	尊勝的薩迦法王◎著	300 元
JB0095	次第花開	希阿榮博堪布◎著	350 元

JB0096	楞嚴貫心	果煜法師◎著	380 元
JB0097	心安了，路就開了：讓《佛說四十二章經》成為你人生的指引	釋悟因◎著	320 元
JB0098	修行不入迷宮	札丘傑仁波切◎著	320 元
JB0099	看自己的心，比看電影精彩	圖敦・耶喜喇嘛◎著	280 元
JB0100	自性光明——法界寶庫論	大遍智　龍欽巴尊者◎著	450 元
JB0101	穿透《心經》：原來，你以為的只是假象	柳道成法師◎著	380 元
JB0102	直顯心之奧秘：大圓滿無二性的殊勝口訣	祖古貝瑪・里沙仁波切◎著	500 元

橡樹林文化 ❖❖ 蓮師文集系列 ❖❖ 書目

JA0001	空行法教	伊喜・措嘉佛母輯錄付藏	260 元
JA0002	蓮師傳	伊喜・措嘉記錄撰寫	380 元
JA0003	蓮師心要建言	艾瑞克・貝瑪・昆桑◎藏譯英	350 元
JA0004	白蓮花	蔣貢米龐仁波切◎著	260 元
JA0005	松嶺寶藏	蓮花生大士◎著	330 元
JA0006	自然解脫	蓮花生大士◎著	400 元

橡樹林文化 ❖❖ 圖解佛學系列 ❖❖ 書目

JL0001	圖解西藏生死書	張宏實◎著	420 元
JL0002	圖解佛教八識	洪朝吉◎著	260 元

衆生系列　JP0099

愛，從呼吸開始吧！回到當下、讓心輕安的禪修之道

Essential Chan Buddhism: The Character and Spirit of Chinese Zen

---

作　　者／釋果峻
譯　　者／沈麗文、項慧齡
責任編輯／游璧如
業　　務／顏宏紋

總　編　輯／張嘉芳
出　　版／橡樹林文化
城邦文化事業股份有限公司
104 台北市民生東路二段 141 號 5 樓
電話：(02)2500-7696　傳眞：(02)2500-1951
發　　行／英屬蓋曼群島商家庭傳媒股份有限公司城邦分公司
104 台北市中山區民生東路二段 141 號 2 樓
客服服務專線：(02)25007718；25001991
24 小時傳眞專線：(02)25001990；25001991
服務時間：週一至週五上午 09:30 ～ 12:00；下午 13:30 ～ 17:00
劃撥帳號：19863813　戶名：書虫股份有限公司
讀者服務信箱：service@readingclub.com.tw
香港發行所／城邦（香港）出版集團有限公司
香港灣仔駱克道 193 號東超商業中心 1 樓
電話：(852)25086231　傳眞：(852)25789337
馬新發行所／城邦（馬新）出版集團【Cité (M) Sdn.Bhd. (458372 U)】
41, Jalan Radin Anum, Bandar Baru Sri Petaling,
57000 Kuala Lumpur, Malaysia.
電話：(603) 90578822　傳眞：(603) 90576622
Email：cite@cite.com.my

版面構成／優士穎企業有限公司　陳佩君 peijun@enjoy-life.com.tw
封面設計／ Javick 工作室　bon.javick@gmail.com
印　　刷／韋懋實業有限公司

初版一刷／ 2015 年 5 月
初版四刷／ 2017 年 1 月
ISBN ／ 978-986-6409-99-8
定價／ 300 元
城邦讀書花園
www.cite.com.tw

國家圖書館出版品預行編目（CIP）資料

愛，從呼吸開始吧！回到當下、讓心輕安的禪修之道 / 釋果峻 (Chan Master Guo Jun) 著 . -- 初版 . -- 臺北市：橡樹林文化，城邦文化出版：家庭傳媒城邦分公司發行，2015.05
面；　公分 . --（衆生系列；JP0099）
譯自：Essential Chan Buddhism：the character and spirit of Chinese Zen
ISBN 978-986-6409-99-8（平裝）

1. 禪宗　2. 佛教修持

226.65　　104004938

廣　告　回　函
北區郵政管理局登記證
北 台 字 第10158號
郵資已付　免貼郵票

104 台北市中山區民生東路二段141號5樓

城邦文化事業股份有限公司

橡樹林出版事業部　收

請沿虛線剪下對折裝訂寄回，謝謝！

|橡|樹|林|

書名：愛，從呼吸開始吧　書號：JP0099

橡樹林文化

讀者回函卡

感謝您對橡樹林出版社之支持，請將您的建議提供給我們參考與改進；請別忘了給我們一些鼓勵，我們會更加努力，出版好書與您結緣。

姓名：＿＿＿＿＿＿＿＿＿＿　□女　□男　生日：西元＿＿＿＿＿＿年

Email：＿＿＿＿＿＿＿＿＿＿＿＿＿＿＿＿＿＿＿＿＿＿＿＿

●您從何處知道此書？

□書店　□書訊　□書評　□報紙　□廣播　□網路　□廣告 DM

□親友介紹　□橡樹林電子報　□其他＿＿＿＿＿＿＿＿

●您以何種方式購買本書？

□誠品書店　□誠品網路書店　□金石堂書店　□金石堂網路書店

□博客來網路書店　□其他＿＿＿＿＿＿＿＿

●您希望我們未來出版哪一種主題的書？（可複選）

□佛法生活應用　□教理　□實修法門介紹　□大師開示　□大師傳記

□佛教圖解百科　□其他＿＿＿＿＿＿＿＿

●您對本書的建議：

＿＿＿＿＿＿＿＿＿＿＿＿＿＿＿＿＿＿＿＿＿＿＿＿＿＿＿＿＿＿

＿＿＿＿＿＿＿＿＿＿＿＿＿＿＿＿＿＿＿＿＿＿＿＿＿＿＿＿＿＿

＿＿＿＿＿＿＿＿＿＿＿＿＿＿＿＿＿＿＿＿＿＿＿＿＿＿＿＿＿＿

非常感謝您提供基本資料，基於行銷及客戶管理或其他合於營業登記項目或章程所定業務需要之目的，家庭傳媒集團（即英屬蓋曼群商家庭傳媒股份有限公司城邦分公司、城邦文化事業股份有限公司、書虫股份有限公司、墨刻出版股份有限公司、城邦原創股份有限公司）於本集團之營運期間及地區內，將不定期以 MAIL 訊息發送方式，利用您的個人資料於提供讀者產品相關之消費與活動訊息，如您有依照個資法第三條或其他需服務之務，得致電本公司客服。

我已經完全瞭解左述內容，並同意本人資料依上述範圍內使用。

＿＿＿＿＿＿＿＿＿＿＿＿（簽名）

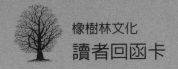